Thailand
Der Süden

Andrea und Markus Markand

▶ Dieses Symbol im Buch verweist auf den großen Faltplan!

Sawasdee khrap – Willkommen

Unser heimliches Wahrzeichen	4
Erste Orientierung	6
Schlaglichter und Impressionen	8
Geschichte, Gegenwart, Zukunft	12
Übernachten	14
Essen und Trinken	16
Reiseinfos von A bis Z	18

Unterwegs in Thailands Süden

Thailands Süden 15 x direkt erleben

Bangkok 30

Bangkok 30

direkt 1 **Auf dem Chao Phraya – Bootsfahrt durch Bangkok**	31
Am Flussufer entstand einst Thailands Hauptstadt	
direkt 2 **Einkaufen in Bangkok – der größte Markt der Stadt**	34
Vielfalt und Exotik des Suan-Chatuchak-Marktes	

Die Golfküste 40

Phetchaburi 40
Kaeng Krachan National Park 45
Hua Hin 46   Chumphon 58
Surat Thani 59

direkt 3 **Die Stadt der heiligen Türme – Tempel in Phetchaburi**	42
Heiligtümer aus der Glanzzeit der Ayutthaya-Periode	
direkt 4 **Reisende Könige – Spurensuche in Hua Hin und Cha-Am**	47
Die Seebäder des thailändischen Adels und der Oberschicht	
direkt 5 **Wie die Raupe spinnt – Seidenproduktion in Hua Hin**	52
Edle Stoffe im Raschnee Thai Silk Village	
direkt 6 **Spektakuläre Höhlen – im Nationalpark Khao Sam Roi Yot**	55
Ein Paradies für Naturfreunde, besonders für Vogelbeobachter	

Die Inseln im Golf – Ko Tao, Ko Pha Ngan und Ko Samui 60

Ang Thong Marine National Park 60
Ko Tao 61
Ko Pha Ngan 62
Ko Samui 71

direkt 7| **Tauchgebiete – Ko Taos Unterwasserwelt** 62
Inmitten einer Welt der Wunder – die Schildkröteninsel

direkt 8| **Wellness am Strand – Yoga und Massage auf Ko Pha Ngan** 68
Ruhe und Entspannung auf der Partyinsel

direkt 9| **Quirliges Urlaubsleben – Ko Samuis belebtester Strand** 72
Hat Chawengs breites touristisches Angebot

Die nördliche Andamanenküste 78

Khao Sok National Park 78
Khao Lak 83
Die Similan- und Surin-Inseln 88
Phuket 89

direkt 10| **Urwald pur – auf eigene Faust durch den Khao Sok** 79
Eine tropische Bilderbuchlandschaft

direkt 11| **Durch den Urwald zum Meer – die Bucht Hat Lek** 86
Wanderung zum ›Sandy Beach‹ – Einsamkeit und Idylle

direkt 12| **Jazzkneipen und Künstlerflair – Phuket-Town** 90
Shoppen, Flanieren und Tanzen in der Inselhauptstadt

Die südliche Andamanenküste 98

Krabi und Umgebung 98
Ko Phi Phi 105
Ko Lanta 107

direkt 13| **Relaxen am Rai Leh, Klettern am Ton Sai –** 99
Strandleben in Krabi
Postkartenidylle und die Steilwände der Karstfelsen

direkt 14| **Bizarre Felsen – mit dem Kajak durch die Phang Nga Bay** 103
Eine der schönsten Küstenlandschaften der Welt

direkt 15| **Inselhopping – Naturparadiese im Tarutao National Park** 110
Wo einst nur Seenomaden lebten

Sprachführer	112
Kulinarisches Lexikon	114
Register	117
Autoren, Abbildungsnachweis, Impressum	120

Sawasdee khrap – Willkommen
Unser heimliches Wahrzeichen

Kokospalmen bestimmen an den meisten Stränden im Süden Thailands das Bild. Vom Anbau der Kokosnüsse leben viele Familien und die Plantagen ziehen sich oft weit ins Hinterland hinein. Die Früchte werden als ganze Nüsse verkauft oder zu verschiedenen Produkten verarbeitet, vom getrockneten Fruchtfleisch bis zum Kokosfett. Wie an diesem Strand auf Ko Phi Phi legt man die gespaltenen Nüsse zum Trocknen in die Sonne.

Erste Orientierung

Pulsierende Metropolen und einsame Strände

Wenn Sie auf eine Thailand-Karte schauen und den Kopf etwas schräg legen, erkennen Sie mit ein bisschen Phantasie: Das Land sieht aus wie der Kopf eines Elefanten – mit Süd-Thailand als Rüssel. Die traumhaften Inseln und Strände an Ost- und Westküste dieses Rüssels sind für Sonnenhungrige ebenso reizvoll wie für Aktivurlauber und Partygänger. Urwüchsige Nationalparks im Landesinneren und goldglänzende Tempel bilden das Kontrastprogramm.

Viele Reisende beginnen ihren Thailand-Aufenthalt in **Bangkok** (▶ E 1), dem pulsierenden Zentrum des Landes. Von dort ist es nur noch ein kurzer Hüpfer auf die Urlaubsinseln Ko Samui oder Phuket, wo es alles gibt, was das Touristenherz begehrt – außer vielleicht Ruhe und Abgeschiedenheit. Für diese müssen Sie entweder in einem exklusiven Resort einchecken – oder weiterziehen an weniger erschlossene Orte. Denn je weiter Sie sich von Ko Samui oder Phuket entfernen, desto mehr finden Sie vom ›alten‹ Thailand, das die ersten Rucksacktouristen in den 1970er- und 1980er-Jahren in ihren Bann geschlagen hat: kleine Buchten mit einfachen Unterkünften unter Kokospalmen; Orte, wo die Zeit langsamer zu vergehen scheint – bis hin zum Stillstand.

Die Golfküste

Die Küstenregionen südlich von Bangkok am Golf von Thailand sind sehr beliebt bei den einheimischen Touristen – die Ferienorte **Cha-Am** (▶ D 2) und **Hua Hin** (▶ D 3) blicken auf eine lange Geschichte als Sommerfrische des thailändischen Adels zurück. Auch heute noch logieren hier Mitglieder des Königshauses und der Bangkoker Oberschicht. Dazu gesellen sich immer mehr westliche Besucher. Einen Besuch wert ist für historisch und kulturell Interessierte die Stadt **Phetchaburi** (▶ D 2), deren lange Geschichte sich in vielen Tempeln verschiedener Baustile manifestiert und die auch heute noch ein lebendiges Zentrum des Buddhismus ist. Naturfreunde können im **Kaeng Krachan National Park** (▶ C/D 2/3) Dschungel pur erleben – am besten im Rahmen einer organisierten Tour – oder im **Khao Sam Roi Yot National Park** (▶ D 3) 600 m hohe Kalksteinfelsen, feine Sandstände und eine berühmte Höhle erkunden.

Die Inseln im Golf

Die drei Golfinseln bieten für jeden etwas: **Ko Samui** (▶ D 7) hat eine stark entwickelte touristische Infrastruktur mit sehr vielen, auch erstklassigen Unterkünften, Restaurants in Hülle und Fülle, Bars, Partys, Nachtleben… Die Nachbarinsel **Ko Pha Ngan** (▶ D 6) galt lange als wildere kleine Schwester – einst hatten sich die Hippies hierher zurückgezogen, als ›ihr‹ Samui ihnen zu voll wurde. Doch inzwischen sind auch hier fast alle ›geheimen‹ Buchten über Betonstraßen zugänglich und mit Supermärkten versehen. Einmal im Monat ist kein Bett mehr zu bekommen, wenn an der Südspitze die Vollmondparty gefeiert wird. Als Gegengewicht gibt es viele Angebote für diejenigen, die Ruhe und Entspannung suchen. Das weiter nördlich gelegene kleine **Ko Tao** (▶ D 6) ist

Erste Orientierung

ein Paradies für Taucher und Schnorchler. Viele Riffe lassen sich direkt vom Strand aus erkunden.

Phuket und die nördliche Andamanenküste

Die Insel **Phuket** (▶ B 9) ist das Zentrum des Tourismus an der Westküste. Die wundervollen Strände an der Andamanensee ziehen jedes Jahr hunderttausende Besucher an. Lohnend ist aber auch ein Aufenthalt in Phuket Stadt, dem historisch gewachsenen Hauptort der Insel: Hinter den kolonialen Fassaden hat sich eine lebendige junge Kunst- und Jazz-Szene etabliert.

Das Ferienzentrum **Khao Lak** (▶ B 8) wurde nach dem Tsunami 2004 wieder aufgebaut und erfreut sich erneut großer Beliebtheit bei Ruhesuchenden. Die langen, flachen Strände sind ein Highlight der Region – ebenso wie der nahegelegene **Khao Sok National Park** (▶ B/C 7), eine der regenreichsten Ecken des Landes, wo die üppige, saftig grüne Natur wahrhaft überwältigend wirkt. Ebenso überwältigend ist die Unterwasserlandschaft bei den **Similan- und Surin-Inseln** (▶ A 8 und A/B 7) – beliebte und berühmte Tauchreviere.

Die südliche Andamanenküste

Als der schönste Abschnitt der Andamanenküste gilt vielen die **Phang-Nga-Bucht** (▶ B 8), wo bizarr geformte Kalksteinfelsen lotrecht aus dem Wasser ragen. Erkunden Sie Höhlen und Tunnel mit dem Kajak – oder klettern Sie bei **Krabi** (▶ C 8/9) an den steilen Felsen empor.

Weiter südlich, bis zur malaiischen Grenze, erstreckt sich eine Inselwelt, die bis vor kurzem lediglich von wenigen abenteuerlustigen Reisenden besucht wurde. Deren ehemaliger Geheimtipp **Ko Lipe** (▶ C 11) ist inzwischen voll erschlossen – doch noch immer gibt es viele Inselchen mit nur wenigen Ferienanlagen, wo Sie es vielleicht finden können: Ihr ganz persönliches Paradies.

Schwimmender Markt bei Damnoen Saduak, westlich von Bangkok

Schlaglichter und Impressionen

Das Land des Lächelns

Fast jeder Thailand-Besucher berichtet nach seiner Heimkehr von der Freundlichkeit und Entspanntheit der Thais. Auch wenn die Unruhen in Bangkok 2010 ein anderes Licht auf das Land werfen, hat doch die Rede vom ›Land des Lächelns‹ weiterhin ihre Berechtigung. Von klein auf lernen die Thais, Konflikten aus dem Weg zu gehen oder sie ›wegzulachen‹. Diese Eigenart ruft bei manchen Besuchern Unverständnis und Ärger hervor, wenn sie sich z. B. bei ihrer lautstarken Beschwerde über die missglückte Bestellung im Restaurant oder den zu hohen Preis auf dem Markt missverstanden fühlen... Hier hilft nur eins: Lassen Sie sich anstecken vom Lachen, und verinnerlichen sie einen der wichtigsten Sätze in Thailand: *Mai pen rai* – Das macht nichts (nebenbei, eines der schönsten Souvenirs, das Sie mit nach Hause bringen können).

Buddha und die Geisterwelt

Der größte Teil der Bewohner Südthailands ist buddhistisch. Die Verehrung des historischen Buddha als Lehrer und Vorbild hindert die Menschen jedoch nicht daran, nebenher allerlei Geistern und Göttern zu huldigen – vom mächtigen Dämon bis zu allgegenwärtigen Feld-, Wald- und Wiesengeistern, denen kleine Häuschen und Altäre errichtet werden. Regelmäßige Opfergaben stimmen sie gnädig und sichern ihren Schutz – und selbst die jungen Leute, die eher weltlichen Dingen zugewandt sind, machen mit: Man kann ja nie wissen. Auch geweihte Amulette und magische Tattoos sind weit verbreitet. Buddha selbst hatte übrigens die Existenz von Geistern und Göttern in seiner Lehre niemals verneint.

Wai gegrüßt

In Thailand lässt sich noch häufig beobachten, dass ältere Menschen und Mönche mit ›betenden Händen‹ gegrüßt werden. Dies ist der traditionelle Gruß, der Wai genannt wird. Dabei legt man die Hände vor der Brust zusammen. Je höher eine Person steht, desto höher der Wai, d. h. die Hände zeigen bei ranghohen Personen sogar über den Kopf. Sollten Sie von einer etwa gleich alten, gleichrangigen Person mit einem Wai gegrüßt werden, grüßen Sie ebenso zurück. Bei Dienstleistern, z. B. Hotelangestellten, sollte Ihr Wai etwas weniger hoch ausfallen. Jüngere Menschen und Kinder grüßen Sie nicht mit einem Wai, sondern nicken nur freundlich. Mönche und ältere Menschen freuen sich sehr, wenn Besucher sie mit einem Wai grüßen und so Respekt zollen.

Ein dezenter Wink

Sie möchten eine Taxi zum Halten bewegen oder einem Busfahrer signalisieren, dass Sie zusteigen wollen? Wer wild winkend auf sich aufmerksam macht, wird nicht nur belächelt und ob all der Aufregung verwirrt angesehen: Er wird auch schwerlich ein Taxi bekommen. In Thailand winkt man dezenter: Die Handfläche zeigt nach unten und wird auf Hüfthöhe ein wenig auf und ab gesenkt. Dabei blicken Sie den Fahrer an.

Die Muschelsucherin

Wenn sich das Meer auf der Wattseite der Inseln zurückzieht, stiefeln Scharen

Schlaglichter und Impressionen

Longtailboot am Hat Phra Nang auf der Halbinsel Rai Leh

von Thais, ob alt oder jung, ins Watt. Mit Schaufeln und Kokosnussschalen durchkämmen Sie den Sand. Auf diese Weise werden Muscheln gesammelt. Es sind kleine Exemplare, die meist in Currys verarbeitet werden. Die wenigsten Muschelsucher haben beruflich etwas mit Touristen zu tun und so werden Sie, sofern Sie neugierig näher treten, erst mal schüchterne (scheinbar abweisende) Gesichter sehen. Schnell jedoch ist die Unsicherheit verflogen. Machen Sie doch einfach mal mit. Nicht nur Kinder haben Spaß am Muschelsuchen. In den Küchen der einfacheren Resorts wird man Ihnen sicher auch gerne eine Mahlzeit aus ihrem Fund zubereiten.

Schiffsgöttinnen

Typisch für Thailands Süden sind die hölzernen, laut knatternden Longtailboote. Die ›Langschwanzboote‹ verdanken ihren Namen der Antriebsart: Ein drehbarer, offen montierter Automotor treibt den Propeller über eine lange Welle an, die auch als Lenkstange fungiert. Der Bug des Schiffes ist mit farbenfrohen Stoffbahnen geschmückt, die alljährlich nach der Regenzeit angebracht werden, wenn die Boote repariert sind und erneut zu Wasser gelassen werden – ein Fest, bei dem die Familie und Freunde, Reisschnaps und Feuerwerkskörper nicht fehlen dürfen. Die bunten Bänder am Bug dienen der Ehrung der Schutzgöttin des Bootes, die dort der Legende nach sitzt und aufs Meer blickt. Traditionell darf daher kein Mensch vorne im Boot sitzen. Sollten Sie in einem Longtailboot einen Ausflug unternehmen, werden Sie allen Bootsführern eine Freunde machen, wenn Sie der Schutzgöttin des Bootes ihren Platz nicht streitig machen und

Schlaglichter und Impressionen

Das blutige Spektakel des Hahnenkampfs hat eine lange Tradition im Land des Lächelns

stattdessen sittsam auf den Bänken Platz nehmen.

Wanderarbeiter

Viele Angestellte in den Resorts an den Stränden des Südens sind junge Menschen, die meist Ihre Familie im Nordosten des Landes unterstützen. Daheim finden sie keine Arbeit und müssen abwandern. Oft lassen Sie ihre Kinder zurück, die dann von Verwandten aufgezogen werden. Zudem sind die Arbeitsbedingungen mehr schlecht als recht. Meist haben die Wanderarbeiter nur sehr wenige Pausen und kein einziges freies Wochenende. Schlimm wird es, wenn ein Kind krank ist. Nur wenigen gelingt es dann, Urlaub zu bekommen, um das Kind zu besuchen. Viele müssen einfach ihre Sachen packen und sich bei ihrer Rückkehr einen neuen Job suchen.

Büffel- und Hahnenkämpfe

Bei Büffelkämpfen wird in Thailand kein Blut vergossen. Hier kämpfen zwei Bullen mehr oder weniger motiviert gegeneinander. Sofern die Besitzer ihre Tiere nicht unnötig aufstacheln, ist so ein Kampf ein eher träges Schauspiel. Vielfach scheinen sich die Kolosse mehr anzustupsen als ernsthaft herauszufordern. Der Büffel, der sich als erster zurückzieht, hat verloren. Wie stark und groß diese Tiere sind und welche Energie sie ausstrahlen, wird deutlich, wenn man ihnen am Wegesrand begegnet. Da die Tiere an Menschen gewöhnt sind, beäugen sie Fremde lediglich argwöhnisch.

Auffällig ist, wie viele Menschen mit einem Hahn auf dem Arm auf Thailands Straßen unterwegs sind. Stolz präsentieren die Besitzer ihre schönen Tiere,

Schlaglichter und Impressionen

doch nicht alle haben mit dem Federvieh Gutes im Sinn. Hahnenkämpfe haben eine lange Tradition; zwar ist das blutige Spektakel verboten, wird aber dennoch in den Hinterhöfen praktiziert. Die Besitzer stacheln die kampflustigen Tiere immer weiter an und lassen ihren Hahn erst aufgeben, wenn es zu spät ist. Viele Kämpfe enden mit toten oder schwerverletzten Tieren. Lustig an diesem ›Sport‹ ist allerdings, auf welche Art und Weise die Junghähne abgerichtet werden: Der Besitzer hockt sich vor den Hahn und wackelt mit angewinkelten Armen, als wolle er losfliegen, zeigt seine Brustmuskulatur, springt auf, kräht und hüpft herum.

Umwelt

Die Sonneneinstrahlung ist sehr intensiv. Vor allem an den weißsandigen Stränden wird der Sand extrem heiß und reflektiert zudem das Licht. Meiden Sie Sonnenbäder zur Mittagszeit und verwenden Sie hochwirksamen Sonnenschutz. Für Kinder empfiehlt sich das Tragen von Sonnenhüten und schützender Kleidung.

An Stränden mit vorgelagerten Korallenriffen, wie sie etwa auf Ko Pha Ngan zu finden sind, können scharfkantige Korrallenreste, die aus dem Sand herausstehen, das Badevergnügen stören. Um hier ins Wasser zu gelangen, sollten Sie (und vor allem Kinder) schützende Badeschuhe tragen. So lassen sich Verletzungen vermeiden.

Zuweilen kann es vorkommen, dass Quallen oder andere Meerestiere Ihnen den Platz im Meer streitig machen. Ausweichmöglichkeiten bieten dann nur die Pools der Resorts.

Daten und Fakten

Lage: Die 14 Provinzen Südthailands liegen südlich des Isthmus von Kra, der mit einer Breite von 44 km schmalsten Stelle Thailands. Die Küste ist insgesamt etwa 2600 km lang. Zwei Randmeere des Indischen Ozeans begrenzen Südthailand. Die sanft abfallende Küste des Golfs liegt im Osten. Die Andamanensee im Westen ist rauer, schroffe Karstfelsen fallen hier zum Meer hin steil ab. Zwischen Ost und West verläuft im Inneren der Landzunge eine staffelförmig versetzte Bergkette.

Bevölkerung: Thailand hat etwa 66 Mio. Einwohner. Ein Drittel lebt in der zentralen Ebene des Chao Phao. Hier wird Siamesisch (die Amtssprache) gesprochen. In Südthailand leben ca. 14 % der Bevölkerung; ganz im Süden dominieren die islamischen Malaien, die vorwiegend Malaiisch sprechen. Etwa 9 Mio. Menschen sind Thai-Chinesen an, die hier zu Wohlstand kamen und heute die Industrie dominieren. Vor allem in Phuket-Town mit seinen vielen chinesischen Tempeln ist ihre Präsenz deutlich.

Religion: Die meisten Thailänder (94,6 %) sind Buddhisten. Im Süden leben viele Muslime (30 %, was 4,6 % der Gesamtbevölkerung ausmacht). Ko Lanta ist eine der Inseln, auf denen Muslime dominieren.

Wirtschaft: Zwei Drittel des BIP werden durch den Export erwirtschaftet. Der wichtigste Devisenbringer ist der Tourismus. 42 % aller Thailänder sind in der Landwirtschaft tätig und erwirtschaften damit lediglich 11 % des BIP. Etwa 20 % arbeiten in der Industrie und erwirtschaften 45% des BIP. Viele der jungen armen Bauern (zumeist Frauen) aus dem Nordosten Thailands zieht es in den Süden, wo sie als Köchin, Serviererin oder Putzfrau im Tourismus Arbeit finden.

Geschichte, Gegenwart, Zukunft

Die Geburt der Nation

Es ist nicht einfach, einen klaren Beginn der Geschichte Thailands zu definieren – alle Unterlagen, die darüber im Laufe der Jahrhunderte gesammelt wurden, verbrannten 1767, als die Birmanen die damalige Hauptstadt Ayutthaya zerstörten. Die Historiker sind sich weitgehend darüber einig, dass seit dem 7. Jh. Thai-Stämme aus Südchina in das heutige Staatsgebiet einwanderten, das damals noch von den Mon im Westen und den Khmer im Osten beherrscht wurde. Als deren Reiche schwächer wurden und zerfielen, konnte sich 1238 in Sukothai unter König Ramkamhaeng das erste thailändische Königreich etablieren. Mit der Entwicklung einer eigenen Schrift und der Förderung der Künste begann sich zunächst im heutigen Zentralthailand eine eigene Identität der jungen Nation zu entwickeln.

Die Entwicklung im Süden

Weiter im Süden, auf der malaiischen Halbinsel, hatten sich im ersten nachchristlichen Jahrtausend einige eigenständige Stadtstaaten entwickelt, darunter Tambralinga, das heutige Nakhon Si Thammarat. Ab dem 7. Jh. geriet es unter den Einfluss des Handelsreiches Sri Vijaya, dessen Kerngebiet auf Sumatra lag. Im 13. Jh. schwand dessen Macht. Die nun selbständigen Könige von Nakhon Si Thammarat orientierten sich nach Norden, wo 1350 in Ayutthaya König U-Thong (Thibodi I.) das zweite thailändische Königreich gründete, das sich wenig später auch Sukothai einverleibte. Bis ins 17. Jh. hinein dehnt Ayutthaya seinen Einflussbereich immer weiter aus; im Osten ins heutige Kambodscha und im Westen nach Birma – was mit der erwähnten Zerstörung Ayutthayas beantwortet wurde.

Die Überlegenheit der Birmanen währte jedoch nicht lange: Im Jahre 1782 wird der siegreiche General Chakri zum neuen König Rama I. und damit entsteht die Dynastie, die noch heute mit Rama IX. den König stellt. Chakri gründet noch im gleichen Jahr Bangkok als neue Hauptstadt. Im Süden unterwerfen er und sein Nachfolger bis 1812 mehrere malaiische Sultanate, darunter einige Gebiete, die heute die vier nördlichen Bundesstaaten Malaysias bilden; sie wurden erst 1909 an Britisch-Malaysia abgegeben.

Vom Mittelalter in die Moderne

Die Chakri-Könige ebneten ihrem Land den Weg in die Gegenwart. Sie nahmen ab 1809 Handelsbeziehungen nach Europa auf und modernisierten die Verwaltung nach europäischem Vorbild. Unter den kulturellen Einflüssen ist vor allen die Neo-Klassik zu Beginn des 20. Jh. hervorzuheben; und in Phetchaburi kann man heute neben Tempeln aus der Ayutthaya-Periode die Arbeiten eines deutschen Architekten sehen, der hier für das Königshaus wirkte. 1832 ist es schließlich vorbei mit der absoluten Monarchie: König Rama VII. erfährt in Hua Hin beim Golfspielen, dass ihn eine Handvoll Generäle aus dem Amt geputscht hat. Seitdem ist Thailand eine konstitutionelle Monarchie und durchlebt eine wechselvolle Geschichte, die von regelmäßigen Regierungsumbildungen und wiederkehrenden Interventionen des Militärs geprägt ist.

Geschichte, Gegenwart, Zukunft

Ein Riss in der Gesellschaft

Im Januar 2001 gewinnt der Multimilliardär Thaksin Shinawatra mit einem Erdrutschsieg die Wahlen. Er ist ein charismatischer Populist, der seine Anhänger besonders in der armen Landbevölkerung findet. Ein Korruptions-Skandal 2004 verhindert nicht, dass er 2005 ein weiteres Mal die Wahlen gewinnt – mit absoluter Mehrheit. Demonstrationen gegen seine Regierung erzwingen 2006 Neuwahlen – wieder ein Wahlsieg für Thaksins Partei, diesmal aufgrund des Boykotts der Opposition für ungültig erklärt. Ein Militärputsch ›sorgt für Ordnung‹ und Thaksin wird während eines Auslandsaufenthaltes zu einer Gefängnisstrafe verurteilt und seine Partei verboten (seitdem lebt er im Exil). Schnell gründet sie sich unter anderem Namen neu – und gewinnt 2007 erneut die Wahlen. Die Opposition beginnt mit Protesten, die in der Besetzung der Bangkoker Flughäfen und der Auflösung der Regierung durch das Verfassungsgericht gipfeln.

2010 kommt es zu blutigen Unruhen in Bangkok, als Thaksin-Anhänger und andere Demonstranten das wirtschaftliche Zentrum der Stadt besetzen. Am Ende explodieren Granaten und es wird scharf geschossen. Die Demonstranten müssen sich geschlagen zurückziehen. Viele Tote und Verletzte sind zu beklagen und die Fronten scheinen nun verhärteter als je zuvor.

Die Proteste beschränken sich bisher auf Bangkok und einige Provinzhauptstädte im Norden und Nordosten. Der Süden scheint weitgehend unberührt. Der gesellschaftliche Riss geht jedoch durch die ganze Nation.

Junge Novizen bei einem Ausflug in die Höhlen von Phetchaburi

Übernachten

Villen, Zelte, Hütten

Von der Hütte aus Bambus und Palmwedeln bis zur privaten Villa mit Pool und Butler gibt es in Südthailand ein breitgefächertes Angebot von Unterkünften aller Art. An den Stränden dominieren Resorts und Bungalowanlagen, in den Städten Hotels aller Klassen und einfache Gästehäuser. An beliebten Orten, wo Langzeitreisende hängenbleiben oder Rentner überwintern, werden zudem kleine Häuschen und Ferienwohnungen angeboten. In den Nationalparks übernachtet man in Bungalows oder Zelten, die über die Nationalparkverwaltung gebucht werden müssen. Eine Ausnahme ist der Khao Sok National Park, wo sich vor dem Park einige Resorts angesiedelt haben.

Wohnen am Strand

Rucksackreisende suchen und finden weiterhin die einfachen 5-€-Hütten, die lediglich mit einem selbstgezimmerten Bett und einem Moskitonetz ausgestattet sind. Heute haben auch die einfachsten Hütten ein eigenes Bad, meist mit kaltem Wasser und Toiletten ohne Spülung, bei der mittels eines Wasserbehälters per Hand gespült wird. An den Traumstränden kann man jedoch nicht mehr so einfach leben, denn inzwischen haben sich die Anlagen dort den steigenden Ansprüchen der Besucher angepasst.

Geboten werden nun solide gebaute Bungalows, nahe oder direkt am Strand, meist aus Stein und als Reihenhaus konzipiert, mit Klimaanlage und heißem Wasser. Beginnend bei etwa 30–40 €

bekommen Sie einen recht guten Gegenwert. Wer weniger als 20 € investieren möchte, muss Kompromisse eingehen. Richtig schön wohnt man in den gut ausgestatteten Bungalows der teuren Resorts, sofern sie direkt am Strand stehen. Ein solches Bungalow kostet ab 100 €. Billiger sind die Zimmer im Haupthaus. Die ›Front row‹, also die Reihe direkt am Strand, ist meist am teuersten.

In den großen Urlaubsorten wie Hua Hin, Ko Samui und Phuket sind auch die internationalen Luxusketten mit ihren Anlagen und Hotels vertreten. Kleinere Hotels können eine gute Alternative sein: Auch Thailand folgt dem Trend zu mehr ›Boutique‹, also übersichtlicheren, individuell ausgestatteten Unterkünften. Diese Boutique-Hotels liegen oft etwas zurückversetzt im neu erschlossenen Hinterland; zum Strand sind es dann ein paar Minuten zu gehen.

Ausstattung, Service

Viele Anlagen haben einen Pool und fast alle ein Restaurant, das internationale, dem westlichen Geschmack angepasste Thaiküche bietet. In den einfacheren Anlagen steht meist ein Fernsehgerät im Restaurant, in den besseren hat jeder Bungalow sein eigenes. Fast überall werden via Satellit englischsprachige Kanäle empfangen, darunter einige Spielfilmsender, oft auch die Deutsche Welle. Drahtloser Internet-Zugang (WLAN, in Thailand WiFi genannt) ist mehr und mehr verbreitet; wo nicht, ist das nächste, per Kabel angeschlossene Terminal nicht weit. Ein Tour- und Taxiservice ist fast immer vorhanden oder

Übernachten

Ein typisches Resort der gehobenen Preisklasse auf Phuket

lässt sich an der Rezeption organisieren. Englische Sprachkenntnisse sind in den touristischen Orten weit verbreitet.

Ungebetene Gäste

Selbst in den luxuriösesten Unterkünften können unerwünschte Mitbewohner durch ihr Zimmer kreuchen und fleuchen. Gegen Moskitos hilft es, gen Sonnenuntergang die Fenster und Türen verschlossen zu halten. Wer ein klimatisiertes Zimmer hat, kann die Klimaanlage auf sehr kalt stellen und die Moskitos so in eine Schockstarre versetzen – was allerdings unter ökologischen Gesichtspunkten nicht gerade zu empfehlen ist. Ameisen werden (in sehr kurzer Zeit und erstaunlich großer Anzahl) von offen herumstehendem Essen angelockt. Kakerlaken kommen und gehen ganz nach eigenem Belieben. Handelt es sich um vereinzelte Exemplare, hilft entweder ignorieren oder ein gezielter Hieb mit dem Badeschlappen.

Sind es mehrere, bitten Sie um ein anderes Zimmer. Die kleinen grünen Geckos, die an den Wänden und Decken sitzen, können Sie als Freunde begrüßen: ihre Lieblingsspeise sind Moskitos.

Vorbuchen, Reservieren

Besonders in der Hauptsaison sind die guten Zimmer oft schon lange im Voraus belegt – wer vorbucht, ist hier im Vorteil. Auch sind die Preise oft günstiger, besonders bei Buchung übers Internet. Eine ganze Schar Anbieter konkurriert um die Klicks der Kunden. Als zuverlässig haben sich u. a. www.agoda.de und www.asiarooms.com erwiesen. Sie bieten hauptsächlich höherpreisige Anlagen zu günstigen Tarifen. Portale wie www.hostelworld.com und www.hostelbookers.com haben zusätzlich preiswertere Anlagen in ihrem Portfolio. Zudem kann man über die Websites der Hotels und Resorts Zimmer und Bungalows buchen; oft gibt es auch hier Promotion-Angebote.

Essen und Trinken

Preiswert und exquisit

Duftende Currys, scharfe Salate, frisches Obst und gegrillte Snacks: Thailands Küche gilt als eine der besten der Welt. Essen gehört zu den Lieblingsbeschäftigungen der Thais, und so haben sie über Jahrhunderte eine exquisite Küche entwickelt, die verschiedene asiatische Einflüsse vereint und nun einen ganz eigenen Charakter hat.

Bei den Restaurantempfehlungen haben wir meist auf konkrete Preisangaben verzichtet; stattdessen findet der Leser eine Einordnung in die Kategorien ›preiswert‹ (bis 120 Bt, 3 €/Gericht) ›mittleres‹ (bis 400 Bt/10 €) und ›gehobenes Preisniveau‹ (mehr als 400 Bt).

Some like it hot

Die Thai-Küche ist meist sehr scharf – bestellen Sie besser *mai pet:* nicht scharf, oder *pet nit noi:* ein bisschen scharf. Wer die Frage »You like spicy?« bejaht oder gar ›thai style‹ bestellt, sollte sich auf eine ganz besondere Erfahrung gefasst machen. In den Touristengebieten haben sich die meisten Restaurants allerdings schon an die Gewohnheiten des westlichen Gaumens angepasst.

Im Restaurant

Englischsprachige Speisekarten sind weit verbreitet, so dass die Auswahl der Speisen leicht fällt – zumindest, wenn man sich bei dem vielfältigen Angebot entscheiden kann. Wenn nicht, sollten Sie es halten wie die Einheimischen: Wenn sie zu mehreren Essen gehen, bestellen sie eine ganze Anzahl Gerichte, die dann von allen geteilt werden. Dabei nimmt sich jeder von den in der Mitte stehenden Gerichten etwas auf den eigenen Teller.

Grundnahrungsmittel der Thailänder ist Reis. Er wird als Beilage zu den meisten Gerichten gereicht, muss allerdings

Frittierte Heuschrecken sind für die Einheimischen ein selbstverständlicher Genuss

Essen und Trinken

inzwischen oft gesondert bestellt werden. Nudelgerichte sind ebenfalls beliebt, als Suppe oder im Wok mit allerlei Zutaten gebraten. Dabei gibt es neben den gelblichen Weizenmehlnudeln auch weiße aus Reismehl. Ein beliebtes Gericht aus letzteren ist *pad thai,* gebratene Reisnudeln mit Gemüse, Ei, Erdnüssen und einer weiteren Zutat wie Shrimps, Tofu oder Huhn.

Rind- und Schweinefleisch kommen in Thailand ebenso auf den Tisch wie Huhn und (seltener) Ente. Ein Highlight in Südthailand ist das frische Seafood: Fisch, Tintenfisch, Shrimps und Muscheln – fangfrisch und gekonnt als BBQ zubereitet ein Genuss.

Am Straßenstand

Es gibt kaum eine Straßenecke in Thailand, an der es nicht brutzelt oder zischt – die Thais lieben den Snack zwischendurch, und man sollte unbedingt auch einmal einen Happen am Straßenstand probieren. Sehr beliebt ist z. B. der aus dem Nordosten stammende, aber inzwischen im ganzen Land verbreitete Salat aus grüner Papaya: *som tam.* Dazu ein Stück gebratenes Huhn *(gai yang)* und ein bisschen Klebereis *(khao niao)* – fertig ist eine leckere, sättigende Mahlzeit, die keine 2 € kostet. Anschließend zerkleinert Ihnen die Dame am Obststand die süßeste Ananas, die Sie je probiert haben. Wenn Ihnen jedoch der Sinn nach Abenteuerlicherem steht,

Die meisten Gerichte werden **mit Löffel und Gabel** gegessen. Dabei wird die Gabel in der linken Hand gehalten und bugsiert das Essen auf den Löffel. Stäbchen sind selten; mit ihnen fischt man die Zutaten aus der Nudelsuppe.

Alkoholische Getränke dürfen in Geschäften nur zu bestimmten Zeiten verkauft werden: 11–14 und 17–24 Uhr. Fast alle Supermärkte halten sich strikt an diese Regeln.
Vorsicht: Viele thailändische Biere haben einen Alkoholgehalt von 6, 4 % und eine dementsprechend starke Wirkung.

können Sie ein paar Schritte weiter am nächsten Stand von den gerösteten Heuschrecken probieren oder ein Tütchen frittierte Maden erstehen – soll lecker sein zum Bier. Klebrig süß sind die leuchtend bunten Backwaren.

Selber kochen

Wer Geschmack an der Thaiküche gefunden hat, kann einen Kochkurs besuchen und sich in die Geheimnisse thailändischer Kochkunst einweihen lassen. Auch zuhause lassen sich viele Gerichte nachkochen – was dazu nötig ist, gibt's im Asia-Markt.

Getränke

In einer heißen Region wie Südthailand sollten Sie genügend trinken, um fit zu bleiben. Neben Wasser (nicht aus der Leitung!) sind Fruchtsäfte und auch Shakes beliebt. Ein großer Banana-Shake (mit ein bis zwei Bananen, gezuckerter Kondensmilch und Eis) kann durchaus eine kleine Mahlzeit ersetzen. Kaffeeliebhaber sollten sichergehen, nicht mit Löslichem abgespeist zu werden – italienische Kaffeemaschinen finden immer mehr Verbreitung, original thailändischen Kaffee gibt es nur noch selten.

Reiseinfos von A bis Z

Anreise

Flugzeug
Direkt nach Bangkok fliegen Gesellschaften von Frankfurt, Düsseldorf, München, Berlin und Wien. Wer aus der Schweiz anreist, fliegt über Düsseldorf oder Berlin. Bangkoks Flughafen liegt 30 km östlich der Stadt.

Bahn, Bus, Taxi
Für die Anbindung an die Innenstadt sorgt eine Bahnstrecke. Es fahren Flughafenbusse für 3 € pro Person zu den Touristenzentren. Ein Taxi kostet inkl. Mautgebühren etwa 13 € (Dauer der Fahrt je nach Verkehr etwa 1 Std.).

Einreisebestimmungen
Für die Einreise benötigen Sie einen Reisepass, der mindestens sechs Monate gültig ist. Auch Kinder und Jugendliche brauchen einen eigenen Personalausweis oder Reisepass, sofern sie nicht vor 2007 im Pass der Eltern eingetragen wurden. Am Flughafen gibt es ein kostenloses 30-Tagesvisum. Wollen Sie länger bleiben, beantragen Sie ein kostenpflichtiges Visum bei der zuständigen Botschaft (Informationen und Formulare unter www.thaiembassy.de).

Impfungen
Empfehlenswert sind Impfungen gegen Tetanus, Diphtherie und Kinderlähmung (Polio). Auch Hepatitis A und Typhus sind verbreitete Krankheiten. Entsprechende Impfungen sind nicht vorgeschrieben, aber sehr sinnvoll. Über Malaria-Prophylaxe lassen Sie sich sechs Wochen vor Ihrer Reise von einem Tropenarzt beraten (Informationen im In-ternet unter www.gesundes-reisen.de und www.dtg.org).

Zollbestimmungen
Bei der Einreise nach Thailand sind Gegenstände des täglichen Bedarfs zollfrei, ebenso Duty-free-Einkäufe von 200 Zigaretten und 1 l Spirituosen. Bei der Einreise nach Europa ist die Einfuhr gefälschter Markenware und geschützter Tierarten verboten.

Feiertage

1. Januar: Neujahr
1. Mai: Tag der Arbeit
Vollmond im Mai: buddhist. Feiertag
31. August: Nationalfeiertag
5. Dezember: Geburtstag des Königs
25. Dezember: Weihnachten

Feste und Festivals

Chinesisches Neujahr (Neumondtag): zwischen 21. Jan. und 19. Febr., überall dort, wo viele Chinesen leben, s. S. 37
Makha Bucha (Vollmondtag): März, s. S. 37
Thai-Neujahr (Wasserfest, Songkran): 13.–15. April, s. S. 37
Krönungstag: 5. Mai, s. S. 37
Geburtstag des Königs: 5. Dezember: s. S. 37

Geld

In Thailand wird mit dem Thailändischen Baht gezahlt. Im Januarr 2011 betrug

Reiseinfos von A bis Z

der Umrechnungskurs 1 € = 40 Baht, ein Schweizer Franken war 31 Baht wert. Bankautomaten sind weit verbreitet. Es werden Visa- und Mastercard akzeptiert. Auch mit der Geldkarte bekommen Sie Baht ausgezahlt (neben den Kosten bei der heimischen Bank fallen immer 150 Baht pro Transaktion an). Das Preisniveau in Thailand ist niedrig, das Essen ist gut und günstig (s. S. 16), auch bei Übernachtung und Transport bietet das Land ein sehr gutes Preis-Leistungsverhältnis.

Gesundheit

Eine Reisekrankenversicherung sollten Sie in jedem Fall abgeschlossen haben. Im Krankheitsfall suchen Sie am besten ein internationales Krankenhaus auf. Diese finden sich in Bangkok, auf Ko Samui und Phuket und auch in immer mehr Provinzstädten. Die Apothekendichte ist groß. Lassen sie sich bei kleineren Problemen hier beraten, meist kennt der Apotheker gute Behandlungsmethoden für Insektenstiche und Brand- und Schnittwunden. Vorsicht: Es sind viele Fälschungen von Medikamenten im Umlauf. Wer beispielsweise Antibiotika braucht, sollte sich an eine Klinik wenden.

Informationen

Fremdenverkehrsämter

Für Deutschland und Österreich zuständig ist das Fremdenverkehrsbüro in 60311 Frankfurt am Main, Bethmannstr. 58, Tel. 069 138 13 90, info@thailandtourismus.de. In der Schweiz befindet sich das Fremdenverkehrsbüro in 3012 Bern, Zähringerstr. 16, Tel. 069 460 92 34 20, info@tourismthailand.ch.

Vor Ort

In nahezu allen Reisezielen existieren TAT-Büros (Tourist Authority of Thailand), die mehr oder weniger gute Informationen bereithalten (Details dazu im jeweiligen Ortskapitel).

Im Internet:

www.thailandtourismus.de: Offizielle Seite des Fremdenverkehrsbüros mit allgemeinen Informationen. Neben der Darstellung der touristischen Attraktionen, werden auch mögliche Aktivitäten vorgestellt. Zu finden sind auch aktuelle Daten für Feste und Feiertage.

www.tourismthailand.org: Diese Seite ermöglicht eine individuelle Reiseplanung und stellt Angebote vor: Sobald Sie sich registriert haben, können Sie sich einen Reiseplan zusammenstellen und viele Angebote direkt buchen: Kochen lernen in Ko Samui, Vogelbeobachtungen oder eine Tauchsafari und dazu das passende Hotel.

www.tourismthailand.ch: Startseite des Fremdenverkehrsamtes in der Schweiz. Informationen für Schweizer (Visa und Adressen).

www.easythailand.de: Diese Seite ist sowohl für Auswanderer als auch für Urlauber konzipiert, die etwas mehr erfahren wollen. Es gibt neben detaillierten Listen (z. B. von Krankenhäusern, Konsulaten usw.) auch interaktive Sprachführer und Landkarten.

www.siam.de: Viele Hinweise und Informationen für Selbstfahrer. Auch das Kapitel »Thai-Essen« ist dank der Bebilderung sehr interessant. Zudem einführende Informationen und ein paar Tipps zu den Reisezielen.

www.schoenes-thailand.de: Diese Seite sammelt Zeitungs- und Netzartikel, die sich mit politischen und gesellschaftlichen Themen des Landes beschäftigen. Zudem finden sich Listen mit Hotels (und Buchungsmöglichkeit) und andere allgemeine Informationen zum Land.

www.stefan-loose.de: Das rege Forum auf dieser Seite hilft bei Fragen, die der Reiseführer nicht beantwortet. Zudem gibt es einen Thailand-Club mit vielen Informationen und Fotos zu Hotels und Stränden.

www.thaiminator.de: Gut gegliederte ausgewählte Informationen zum Land mit einigen schönen Fotos. Ausgewählte Tipps für die An- und Weiterreise.

Kinder

Eine Reise mit Kindern in den Süden Thailands verspricht Erholung, Spaß und Spannung. Der Weg zum Ziel erscheint vielen auf den ersten Blick als zu lang, doch die meisten Kinder finden Fliegen sehr spannend und sofern Sie einen Nachtflug buchen, schlafen die Kleinen meist seelenruhig.

Bangkok und Umgebung

Bangkok eignet sich nicht für Kleinkinder, da es sehr laut und vor allem schmutzig ist. Wenn die Kinder aber etwas größer sind, werden sie von einer Bootsfahrt auf dem ›königlichen Fluss‹, dem Chao Phao (s. S. 31) begeistert sein. Gleiches gilt für Phetchaburi; hier wird auf den umliegenden Feldern Salz gewonnen und in den Tempeln der Stadt ist immer was los (s. S. 42).

Die Strände

Die Attraktion des Südens sind die schönen Sandstrände. Sei es auf Ko Samui oder Ko Pha Ngan, in Khao Lak oder Phuket: Für jeden Geschmack findet sich hier ein Traumstrand. Die Unterwasserwelt fasziniert auch Kinder. Ab 12 Jahren können sie tauchen lernen, die etwas Jüngeren lassen sich mit einem Schnorchelausflug begeistern. Die ganz Kleinen freuen sich auf jeden Fall über das seichte, warme Wasser und den weichen, warmen Sand.

Klettern und Wandern in den Karstfelsen

Kletterfreaks aufgepasst: Bereits ab 6 Jahren kann man in der Umgebung von Krabi das Klettern an den Karstfelsen erlernen (s. S. 99). Im Khao Sok National Park gilt es den Urwald in den Karstfelsen zu erkunden – ein Abenteuerprogramm mit Baumhaus, Blutegeln und Hängebrücke (s. S. 79).

Kinder-Essen

Seien Sie unbesorgt wegen des Essens: Es gibt zahlreiche Thaigerichte, die Kinder gerne essen. Dazu gehört *pad Thai* (gebratenen Nudeln, mit Huhn oder Tofu). Zudem diverse Reisgerichte (kindgerecht ohne Chili) und Reissuppe. Auch Obst kommt immer gut an. In touristischen Gebieten gibt es zur Not Pommes und Pizza. Achten Sie in jedem Fall darauf, dass Ihr Kind kein Leitungswasser trinkt, denn dann bekommt es mit ziemlicher Sicherheit Durchfall.

Unterkünfte für Kinder

Kinder lieben das Einfache und so reicht vielen kleinen Familien eine Hütte am Strand (immer mit Moskitonetz). Wer etwas mehr Luxus mag und sich gerne auch mal in klimatisierte Räume zurückzieht, der nimmt sich ein Hotelzimmer oder einen Bungalow mit Aircondition. Viele der teureren Unterkünfte haben einen Pool, einige auch ein Kinderbecken.

Kindgerechte Reiseplanung

Sie können innerhalb des Landes von Ort zu Ort fliegen, doch noch beliebter bei Kindern ist eine Fahrt mit dem

Reiseinfos von A bis Z

Nachtzug. Spannend wird es, wenn der Schaffner die Sitze zu Betten macht und man sich dann gemütlich einkuscheln kann. Wer nur wenig Zeit hat, sollte sich auf ein bis drei Ziele beschränken. Da immer mehr Familien mit Kindern reisen, finden die Kleinen meist schnell Freunde. Das gilt vor allem für Ko Samui, Ko Pha Ngan und Ko Lanta, *der* Urlaubsinsel für Kinder schlechthin.

Kleine Preise

Kinder bis ca. 1 m Körpergröße zahlen i. d. R. keinen Eintritt. Auch die Tickets für Bahn und staatliche Busse sind kostenlos (ohne Anspruch auf einen Sitzplatz). Bei privaten Anbietern wird meist der halbe, manchmal auch der volle Preis abgerechnet (mit Sitzplatz). Im Hotel schlafen Kinder bis 12 Jahren kostenfrei im Bett der Eltern.

Klima und Reisezeit

Klimadiagramm Bangkok

Das Wetter in Thailands Süden wird von Regen- und Trockenzeiten bestimmt, die je nach Meeresseite (Golfküste oder Andamanensee) zeitlich verschoben sind. Im Dezember beginnt die Trocken- und damit die Reisezeit an der Andamanenküste. Bis in den Januar hinein kann es am Golf noch sehr viel regnen. Erst im Februar wird es überall sonnig. Die Monate März bis Mai sind die heißesten des Jahres (mit bis zu 40°C im Schatten). Im Mai beginnt der Südwestmonsun und bringt vor allem der Andamanenküste den ersten Regen. Ab September/Oktober regnet es dann auch am Golf. In der kalten Jahreszeit (um die 20°C am Morgen) prägt der Nordostmonsun das Wetter am Golf.

Von Dezember bis Januar ist überall in Thailand Hauptreisezeit, doch das Wetter ist nicht wirklich stabil. Am besten beraten sind dann Reisende, die spontan der Sonne hinterher fahren können – eine Sonnengarantie gibt es für diese Monate weder an der Golf- noch an der Andamanenküste.

Öffnungszeiten

Behörden und Ämter sind in Thailand von 8.30–12 und von 13–16.30 Uhr geöffnet. Die Post schließt bereits gegen 16 Uhr. Banken haben Mo–Fr von 8.30–15.30 Uhr geöffnet. An touristischen Orten kann man in den Wechselstuben teils bis in den späten Abend Geld wechseln. Geldautomaten stehen überall bereit, so dass man zu jeder Tageszeit mit Kredit- oder Geldkarte Baht bekommt.

Rauchen

Dem Rauchen wurde in Thailand der Kampf angesagt: Abschreckende Bilder zieren die Packungen, die daher auch nicht mehr angepriesen, sondern mehr oder weniger versteckt verkauft werden.

Reiseinfos von A bis Z

In öffentlichen Gebäuden, Diskotheken und in geschlossenen Restaurants ist das Rauchen verboten und kann mit einer Geldbuße von etwa 40 € bestraft werden. Auch das Wegwerfen von Zigarettenstummeln steht unter Strafe.

Reisen mit Handicap

Die touristischen Angebote in Thailand sind nicht auf Behinderte zugeschnitten. So gibt es keine Behindertentoiletten oder Rampen (lediglich in Chumphon, Cabana Beach, haben wir zwei rollstuhlgerechte Bungalows gefunden, s. S. 58). Dennoch sind immer wieder Reisende auch an abgelegenen Orten im Rollstuhl unterwegs – meist in Begleitung. Organisierte Reisen bieten **RollOn Travel**, www.rollontravel.de. Informationen und Hilfe gibt es beim **Bundesverband Selbsthilfe Körperbehinderte**, Altkratheimer Str. 20, 74238 Krautheim, Tel. 06294 42 81 50, www.reisen-ohne-barrieren.eu. Der Reiseservice vermittelt Assistenten, gibt Ratschläge und organisiert Reisen. Das **Mobility International Schweiz**, Froburgstr. 4, 4600 Olten, Tel. 06 22 06 88 35, www.mis-ch.ch bietet ebensolche Informationen und Dienste und hat zudem ein gutes Forum.

Sport und Aktivitäten

Bootstouren
Von nahezu allen touristischen Orten lassen sich Bootsausflüge in die Umgebung unternehmen. Meist werden nahegelegene Strände angefahren; es wird geschwommen und geschnorchelt, unterm Wasserfall gebadet, gepaddelt oder ein Tempel besucht. Besonders schön sind abendliche Touren mit Sonnenuntergang.

Golf
Golfspieler finden in Thailand fantastische Plätze in atemberaubender Umgebung. Reiche Thais lieben dieses Spiel und so gibt es vor allem rund um Bangkok und auf Phuket gute Plätze. In Hua Hin lockt der älteste Golfplatz des Landes (Infos unter www.thaigolfer.com).

Kajakfahren und Rafting
Die Fahrt mit dem Kajak durch die bizarre Welt der Karstfelsen (s. S. 103) gehört wohl zu den schönsten Ausflügen in der Region. Doch auch eine Tour mit dem Kajak vor dem Strand verspricht viel Spaß. Zahlreiche Anlagen halten kleine Kajaks für ihre Gäste bereit. Auf kleinen Flüssen, beispielsweise im Khao Sok National Park und bei Khao Lak, werden Rafting-Touren mit Bambus-Flößen angeboten. Mal geht es beschaulich zu, mal spritzig und aufregend.

Klettern
Die Karstfelsen bei Krabi ziehen jährlich tausende Kletterer an. Vor allem die Bucht Ao Ton Sai (s. S. 99) haben sich diese Sportler als ein Lieblingsziel auserkoren. Zahlreiche Schulen lehren die Kunst des Freeclimbing. Es gibt Schwierigkeitsgrade für Anfänger und Fortgeschrittene und so herrscht hier ein angenehmer Mix aus absoluten Könnern, Freizeitsportlern und Anfängern.

Kochen
Die thailändische Küche gehört zu den besten der Welt und es bedarf nur weniger Handgriffe, um die wichtigsten Grundregeln zu erlernen. Neben ein- bis mehrtägigen Kochkursen werden auch immer wieder Workshops angeboten, bei denen Foodcarving gelehrt wird, jene Schnitzkunst, bei der aus einer einfachen Gurke eine Palme oder aus einer Wassermelone eine Blüte entsteht.

Reiseinfos von A bis Z

Meditieren und Yoga

Wer sich für die buddhistische Kunst der Meditation interessiert, kann diese in einigen Wats erlernen (Infos über Kurse in Bangkok unter www.meditationthailand.com). Auf Pha Ngan werden im Wat Khao Tham gute Kurse angeboten (s. S. 68). Hier gibt es viele Yoga-Retreats. Wer Meditationstechniken oder Yoga gelernt hat, findet an den einsameren Stränden optimale Bedingungen, um die Übungen zu praktizieren.

Surfen und Segeln

Die Inselwelt des Südens eignet sich perfekt für Segeltörns. Auf Phuket gibt es einen großen Yachthafen (Informationen unter www.andamanseapilot.com). Kleinere Boote werden u.a. auch auf Ko Pha Ngan ausgeliehen (auch Verleih von Surfbrettern).

Tauchen und Schnorcheln

Sowohl im Golf als auch in der Andamanensee locken wunderschöne Tauch-

Der Ao Nang Tower ist ein Kletterfelsen in der Ao-Ton-Sai-Bucht

Reiseinfos von A bis Z

reviere Anfänger und Fortgeschrittene. Auf Ko Tao beginnen die meisten ihre Karriere als Taucher (s. S. 62), Fortgeschrittene zieht es zu den Similans (s. S. 88), die zu den schönsten Tauchregionen der Erde zählen. Zahlreiche Tauchschulen bieten mehrtägige Touren zu entfernteren Gebieten an. Schnorchler werden vor allem vor den Stränden von Ko Tao (s. S. 62) und Ko Pha Ngan (s. S. 67) glücklich. Die meisten Tauchboote nehmen auch Schnorchler mit.

Trekking und Wandern

Die Nationalparks laden zu längeren Wanderungen ein. Im Khao Sok und auch im Kaeng Krachan National Park gibt es befestigte Wege, die Sie auch auf eigene Faust erkunden können (s. S. 45). Mehrtägige Touren sollten Sie auf jeden Fall mit einem Guide unternehmen. Denken Sie unbedingt an warme Kleidung, da es nachts im Urwald kalt wird. Auch auf den Inseln gibt es zahlreiche Ziele (Wasserfälle und Strände), die zu erwandern sich lohnt.

Wellness

Da Thailänder seit Jahrzehnten für Massagen und Kräuteranwendung bekannt und ausgesprochen gute Gastgeber und beflissene Dienstleister sind, bieten die Wellnessanlagen pure Erholung in ansprechender Umgebung. Wen lockt nicht eine entspannende Massage in warmer Luft, umhüllt vom Duft des frischen Yasmin und begleitet vom leisen Schwappen der Wellen. Viele Spas sind in teuren Resorts zu finden und die Anwendungen entsprechend hochpreisig (empfehlenswerte Spas unter www.thai spaassociation.com). Wer nicht so viel Geld ausgeben möchte, muss auf gekonnte Massagen nicht verzichten: An den meisten Stränden finden sich Frauen, die Thai-Massagen für etwa 5 € anbieten.

Telefon und Internet

Internet

In allen touristischen Orten gibt es Internetshops (0,50 €/Std.). Immer mehr Cafés und einige Hotels haben WiFi-Zonen: Wer mit eigenem Laptop reist, findet hier Zugang zum Internet.

Telefonieren

Gelbe internationale Telefone stehen meist an großen Supermärkten (Telefonkarten bei der Post). Auch in einigen Intershops können sie über das Netz günstig telefonieren oder skypen.

Internationaler Selbstwähldienst: An öffentlichen internationalen Telefonen wählt man vor der Landesvorwahl die 001 (sehr gute Verbindung), mit dem Handy kann man auch die billigeren Nummern 007 und 008 vorwählen.

Ländervorwahlen: Deutschland: 00149, Niederlande: 00131, Österreich: 00143, Schweiz: 00141

Mobil telefonieren

Billiger ist es ein Gespräch vom eigenen Handy mit einer thailändischen Prepaidkarte (z. B. in Supermärkten der Kette 7-Eleven für wenige Baht zu erstehen). Die Kosten nach Europa sind gering und von Deutschland aus kann man über das Festnetz der deutschen Telekom mit entsprechender Billigvorwahl sehr günstig angerufen werden.

Umgangsformen

Kleidung

In Tempeln und an Plätzen, die auch der König besucht, müssen Sie immer angemessen gekleidet sein: Keine kurzen Röcke, nach hinten geschlossene Schuhe (im Wat entfällt dies, da die Schuhe ausgezogen werden), Männer tragen lange Hosen und am besten ein Hemd (kein

Reiseinfos von A bis Z

Sicherheit und Notfälle

Die meisten Betrügereien finden mit **Kreditkarten** statt: Nicht selten wird doppelt abgerechnet oder gar hemmungslos auf Ihre Kosten eingekauft. Behalten Sie ihre Karte daher immer im Auge. Zudem ist es sinnvoll, einen Onlineaccount einzurichten, damit Sie die Kreditkartenumsätze im Blick behalten und notfalls direkt reklamieren können. **Kreditkartensperrung:** Unter Tel. 0049 116 116 können Sie Ihre Visa- und Masterkarten sperren lassen. Mehr Infos unter www.sperr-notruf.de.
Zu Betrügereien kommt es auch immer wieder beim Kauf von **Edelsteinen**. Sofern Sie nicht absoluter Kenner sind, lassen Sie sich nicht auf ein solches Geschäft ein. Für Urlauber ist im Fall der Fälle die **Touristenpolizei** zuständig. Sie ist landesweit über die Notrufnummer 1699 und 1155 (Tourist Service Line) zu erreichen. Nicht immer kann sie jedoch wirksam helfen, da ihre Macht begrenzt ist. Bei Diebstählen müssen Sie zur örtlichen **Polizei** gehen und Anzeige erstatten. Die Polizisten erwarten manchmal einen finanziellen Vorteil, wenn Sie Ihnen helfen. Sofern sie eine Reisegepäckversicherung haben, müssen sie ein Polizeiprotokoll vorwiesen. Ohne Versicherung können sie sich einen Besuch bei der Polizei sparen.

Wichtige Telefonummern
Notruf: Das internationale Bangkok Hospital hat die landesweite Notfallnummer 1719. Niederlassungen gibt es zudem auf Phuket und Ko Samui. Im Notfall wird an ein Partnerhospital verwiesen.
Feuerwehr: 199

Diplomatische Vertretungen
Deutsche Botschaft: Tel. 02 287 90 00, www.german-embassy.or.th
Botschaft von Österreich: Tel. 02 303 60 57 59, www.bmaa.gv.at
Botschaft der Schweiz: Tel. 02 253 01 56 60, www.eda.admin.ch/bangkok

Muskelshirt). Meist gibt es einen bunten Mix an Wechselkleidung für unschicklich gekleidete Besucher zur Ausleihe.

Verkehrsmittel

Bahn
Das einspurige Streckennetz der State Railway of Thailand verbindet Bangkok mehrmals täglich mit den Städten der Golfküste. Die Preise variieren je nach Strecke und Komfort, von wenigen Baht in der Holzklasse bis hin zu 30 € im klimatisierten Schlafwagen der 1. Klasse. Tickets online unter www.thairail

wayticket.com (Tickets müssen ausgedruckt werden). Aktuelle Fahrpläne und Preise unter www.railway.co.th. Langstrecken müssen vorgebucht werden. Bei Kurzstrecken können Sie problemlos das Ticket am Bahnhof kaufen.

Bus
Überlandbusse: Das Busnetz ist sehr gut ausgebaut. Es gibt zu allen touristischen Zielen des Südens klimatisierte Busse, die vom Southern Bus Terminal starten. Am besten sind die VIP-24-Busse, die am meisten Beinfreiheit bieten. Busfahren ist sehr günstig, doch die Fahrten in den Süden dauern mit-

Reiseinfos von A bis Z

unter fast 1 ½ Tage. Wer beispielsweise an die Andamanenküste reisen will, ist gut beraten, mit dem Zug bis Surat Thani zu fahren und von dort den Bus zu nehmen. **Backpackerbusse**, die mit extrem niedrigen Preisen Kunden locken, sind zu meiden. Hier kommt es immer wieder zu Diebstählen und anderen Unannehmlichkeiten.

Kurzstrecken: Für kurze Strecken können Sie sich in einen nicht-klimatisierten Bus wagen oder mit dem Songthaew fahren. Hier fühlt man sich zurückversetzt in das Thailand vor der Zeit des Massentourismus: einfach, voll, laut und lustig. Das Ticket wird erst während oder nach der Fahrt gezahlt.

Minibusse: Immer mehr Minibusse werden eingesetzt. Sie bringen die Gäste meist gezielt zu einer vorgebuchten Unterkunft. Die Tickets sind etwas teurer als im großen Bus. Der Vorteil der Minibusse (und gleichzeitig ihr Nachteil) liegt in der Geschwindigkeit: Die Fahrer rasen meist in halsbrecherischem Tempo über die Straße, um dann oftmals eine extrem lange Rast einzulegen (damit Gäste bei den Freunden im Lokal etwas verzehren können).

Flugzeug

Von Bangkok können Sie nach Surat Thani, Ko Samui, Phuket und Trang (bei Krabi) fliegen. Mehrmals täglich fliegen Thai Airways (www.thaiair.com), Bangkok Airways (www.bangkokair.com), Air Asia (www.airasia.com) und weitere Gesellschaften für 20–120 € diese Ziele an. Aktuelle Preise und Abflugzeiten auf den Websites. Der Flughafen von Ko Samui ist in Privatbesitz von Bangkok Airways und wegen fehlender Konkurrenz recht teuer. Alternativ bietet sich ein Billigflug nach Surat Thani mit anschließender Bootsfahrt auf die Inseln an. An den Flughäfen warten Minibusse und Taxen. Wer vorgebucht hat, kann sich auch von Mitarbeitern des Hotels abholen lassen.

Leihwagen

Die von Bangkok nach Süden führende Straße ist sehr gut ausgebaut und da die Städte auch in Englisch ausgeschildert sind, findet man sich leicht zurecht. Allein der Linksverkehr bedarf der Gewöhnung. Voraussetzung zur Miete eines Autos ist ein internationaler Führerschein und eine Kreditkarte. Die Preise bei renommierten Firmen bewegen sich zwischen 30 bis 50 € am Tag, je nach Mietdauer auch günstiger. Kleinere Anbieter in den Ferienzentren nehmen für einen Jeep meist etwa 23 €/Tag. Eine Haftpflichtversicherung ist Pflicht. Bei den großen Gesellschaften gibt es zudem die Option einer Vollkaskoversicherung. Machen Sie auf jeden Fall vor Fahrtantritt eine Probefahrt und protokollieren Sie Mängel.

Wichtig: Kleine Schäden bei Unfällen müssen Sie als Ausländer fast immer selbst begleichen. Wenn Sie Rechtsbeistand benötigen, erfragen Sie einen Kontakt bei der Deutschen Botschaft.

An den Flughäfen gibt es Autos der bekannten Firmen wie Avis (www.avis-thailand.com), Hertz (www.hertz.com) und Budget (www.budget.co.th). Bei diesen großen Anbietern können Sie das Auto auch an anderen Stationen wieder abgeben.

Motorrad

Motorradfahrer, die mit Sack und Pack unterwegs sind, sieht man im Süden nur selten. Weitaus verbreiteter ist die Anmietung kleiner Honda Dreams (die aber auch schon bis zu 125 ccm haben) oder schnittiger (wenn auch oft defekter) Geländemaschinen. Sicherlich, es macht Spaß mit diesen Gefährten die Inseln zu erkunden, doch dieses Vergnügen kann lebensgefährlich sein. In

Reiseinfos von A bis Z

Der Umwelt zuliebe – nachhaltig reisen

Ein Flug nach Thailand verbraucht eine Menge Kerosin und das setzt viel CO_2 frei. Zum Glück müssen Umweltbewusste nicht mehr mit schlechtem Gewissen reisen, denn sie können bei Atmosfair klimaschützende Aktionen unterstützen, die den angerichteten Schaden ausgleichen helfen; www.atmosfair.de. Sind sie erst einmal vor Ort, können Sie weitgehend auf Flüge verzichten. Die gesamte Golfküste kann mit dem Zug befahren werden und an die Andamanensee fahren ständig Busse. Nachhaltiges Reisen bedeutet auch, den eigenen Müll, die eigenen Zigarettenkippen usw. aufzusammeln und den nicht gerade umweltbewussten Thais ein Vorbild zu sein. Wer seine Reise nachhaltig gestalten will, findet Informationen, Hotels und Touranbieter unter www.andamancommunitytourism.com.

den Straßen lauern Schlaglöcher, Äste versperren den Weg, ungeübte und/oder betrunkene Fahrer machen die Gegend unsicher.

Wer sich ein Moped leihen möchte, sollte Folgendes beachten: Lange Kleidung und feste Schuhe tragen und auf jeden Fall einen Helm aufsetzen. Auf den Linksverkehr achten, bei einsetzendem Regen pausieren, keine Rennen fahren, nicht betrunken auf die Maschine steigen und keine Rucksäcke im Körbchen transportieren (Diebstahl während der Fahrt und damit einhergehende Unfallgefahr). Ein Motorradführerschein ist nicht Pflicht, aber unbedingt anzuraten, nicht zuletzt wegen des Versicherungsschutzes. Ohne Führerschein muss die Versicherung nämlich im Schadensfall nicht zahlen und im Krankenhaus werden Sie ggf. nur unzureichend behandelt.

Schiff und Fähre

In Bangkok verkehren schnelle und langsame Boote, die neben dem Chao Phraya auch abseitige Klongs befahren. Von den Inseln fahren regelmäßig Schiffe zu den Nachbarinseln, sei es als Tagestour, sei es als regelmäßiger Fährverkehr. Einige Strecken werden mit langsamen Personenfähren bedient

(Tarutao National Park), andere mit Schnellbooten (Phuket, Phi Phi, Krabi, Ko Lanta). Autofähren fahren von Don Sak (nahe Sura Thani) nach Ko Samui, Ko Pha Ngan und Ko Tao. Schneller geht es ab Chumphon mit modernen Katamaranen.

Alte umgebaute Fischkutter dienen einigen Tauchschulen als Tauchboot – eine sehr entspannende Alternative zu den kleinen Speedbooten. Die typischen Longtailboote fahren als Ausflugsboote sowohl in Bangkok als auch auf den Inseln von Strand zu Strand (beispielsweise auf Ko Pha Ngan).

Nahverkehr

Auf kurzen Strecken fahren Busse und Taxen. Die meisten Taxen haben einen Taxameter und eine Klimaanlage. Typisch für Thailand sind die dreirädrigen Tuk Tuks in Bangkok. Verhandeln Sie vorher einen Preis und lassen Sie sich nicht auf die Schlepperangebote (wie etwa 30 Baht für 2 Std.) ein, denn hier werden Sie nur zum nächsten Händler gebracht). Generell sind Tuk Tuks etwas teurer als Taxen. Songthaews sind in ganz Südostasien verbreitet: Die überdachten und mit Sitzbänken ausgestatteten Pick-ups fahren zwischen Dörfern, in den Städten und auf vielen Inseln.

Unterwegs in Thailands Süden

Atemberaubende Strände und Buchten warten auf die Besucher. Wer nicht nur relaxt am Strand in der Sonne liegen möchte, hat viele Möglichkeiten, die Schönheit des Landes zu entdecken, beispielsweise bei einer Fahrt mit dem Kajak durch die Inselwelt der Andamanensee.

Bangkok

Bangkok ▶ E 1

Bangkok, thailändisch »Krung Thep« (Stadt der Engel), ist eine der Mega-Metropolen Asiens und mit über 7 Mio. Einwohnern ein brodelnder Schmelztigel von Tradition und Moderne. Stetig wachsend entlang der vielspurigen Ausfallstraßen, ist die Stadt Traumziel für die unzähligen hier täglich ankommenden Thailänder aus den Land-Provinzen – und für die vielen Besucher aus dem Westen, die hier quirlige Straßenmärkte, hypermoderne Einkaufszentren, besinnliche Tempeloasen und ein ausschweifendes Nachtleben ganz nahe beieinander finden. Ein besonderes Highlight für Shoppingfans ist der **Suan-Chatuchak-Markt**, s. S. 34.

Bangkok ist eine atemberaubende Stadt – im wahrsten Sinne des Wortes. Die Luft ist schwül und vom täglichen Straßenverkehr verpestet. Wer Ausflüge unternehmen möchte, sollte bei Taxifahrten die morgendliche und nachmittägliche Rushhour vermeiden – oder sich für den Wasserweg entscheiden, auf dem sich die Besichtigung vieler interessanter Sehenswürdigkeiten verbinden lässt, `direkt 1l` ▶ S. 31.

Die Stadtteile Bangkoks sind sehr verschieden: Shoppingfans steigen nahe der Silom Road oder der Sukhumvit Road ab. Junge Reisende suchen meist in Banglampoo, in der **Khao San Road**, eine Bleibe. Fans des Exotischen zieht es nach **Chinatown**, dem wohl quirligsten Viertel der Stadt.

Khao San Road [1]

Die Straße der Traveller aus aller Welt ist seit einigen Jahren eine Touristenattraktion. Spätesten seit dem Film »The Beach« gehört ein Besuch hier für viele zu einem Bangkok-Aufenthalt einfach dazu. Allabendlich wird die kleine Straße für den Autoverkehr gesperrt und überall werden kleine Verkaufsstände aufgebaut. Kunststudenten verkaufen ihre Bilder, Designer ihre erste selbst entworfenen Stücke. Es gibt zahlreiche Bars und Diskotheken, in denen bis in den frühen Morgen gefeiert wird.

Jim Thompson House [2]

Soi Kasemsan 2, Tel. 022 16 73 68, www.jimthompsonhouse.com. 9–17 Uhr, letzter Einlass 16.30 Uhr, 2,30 €
Das Privathaus des einstigen Seidenhändlers Jim Thompson ist heute ein kleines sehenswertes Museum. Thompson, der einst als Offizier nach dem Zweiten Weltkrieg in Asien blieb, gründete das erste große Seidengeschäft. Sein Wirken trug maßgeblich dazu bei, dass die Herstellung von Thaiseide professionalisiert wurde. Im März 1967 verschwand Thompson spurlos. Bis heute ist unklar, ob er gestorben ist, entführt wurde oder einfach nur irgendwo auf der Welt ein neues Leben begonnen hat.

Übernachten

Hostel in Beton und Stahl – **Lub d Bangkok** [1]: 4 Decho Road, Tel. 026 34 79 99, www.lubd.com, Schlafsaalbett ab 11 €, DZ 19 €/Pers. Dank ▷ S. 32

1 | Auf dem Chao Phraya – Bootsfahrt durch Bangkok

Karte: ▶ E 1 | **Cityplan:** S. 38

An den Ufern des Maenam Chao Phraya entstand einst die Hauptstadt Thailands, deren Geschichte sich per Boot ›erfahren‹ lässt – vom weltberühmten Oriental Hotel bis zum Königspalast und den vielen sehenswerten Wats.

Die Fahrt beginnt am Sathorn Pier, der mit dem Skytrain bequem zu erreichen ist (Saphan Taksin Station). Rechterhand geht es vorbei am **Oriental Hotel** 3, das 1876 erbaut wurde. Es gehört noch heute zu den besten der Welt. Berühmte Schriftsteller wie Joseph Conrad und Somerset Maugham machten hier Station. Ein Ausstieg am Oriental Pier lohnt auf der Rückfahrt für einen Sundowner auf der Terrasse mit Blick auf den Fluss.

Zu Beginn Ihrer Fahrt lassen Sie das Hotel am besten rechts liegen und fahren flussaufwärts, unter der Pha Pok Klao Bridge hindurch, bis zum rechts liegenden Hat Thien Pier.

Die Tempel direkt am Fluss

Die Silhouette des **Wat Arun** 4 (eine Wat ist eine Tempelanlage) am gegenüberliegenden Flussufer ist ein Markenzeichen Bangkoks. Sie erreichen diesen Tempel, indem Sie den Fluss mit einer der kleinen Fähren überqueren. Wat Arun ist auch als ›Tempel der Morgendämmerung‹ bekannt; seine Prangs (Tempeltürme) schimmern allmorgendlich in verschiedenen Farben in der aufgehenden Sonne. Die Legende berichtet, König Taksin, der einst die Hauptstadt hierher verlegte, sei mit seinen königlichen Barken in der Morgendämmerung bei Wat Arun angelangt. Der höchste Turm in der Mitte symbolisiert den Berg Meru, die darum gruppierten Prangs stellen das buddhistische Universum da. Zurück geht es mit dem Boot zum Tha Tien Pier (8.30–17.30 Uhr, 50 Bt).

Das **Wat Pho** 5 ist das älteste und größte Bangkoks. Erbaut wurde es in der Ayutthaya-Periode im 16. Jh., voll-

Bangkok

endet und renoviert von Rama I. um 1789. Bekannt ist Wat Pho für seinen 45 m langen liegenden Buddha. Die vergoldete Statue zeigt Buddha auf seinem Weg ins Nirwana. Auf seinen riesigen Fußsohlen sind buddhistische Tugenden symbolisch dargestellt. Zurück auf der Fähre geht es weiter zum Maharaj-Pier (8–18 Uhr, 50 Bt).

Königliche Pracht

Der **Königspalast** 6 ist überaus beeindruckend. Auch wenn Besucher nur den nördlichen Bereich erkunden können, gibt es viel zu sehen. Erbaut wurde der erste Komplex 1782, danach wurde das Gelände stetig erweitert. Tempelwächter, die Thronhalle, ein interessantes Museum u. v. a. m. sind zu bestaunen. Besonders sehenswert ist **Wat Phra Kaeo** 7, in dem der Jadebuddha, auch Smaragd-Buddha genannt, verehrt wird. Die 66 m hohe Figur gilt als Beschützerin des Landes und der Dynastie (8.30–15.30 Uhr, 350 Bt).

Wer der Besichtigungen noch nicht müde ist, kann rund um den **Sanam Luang** 8 den **Lak-Muang-Schrein** 9 (den Grundstein Bangkoks), das **Nationalmuseum** 10 oder die **Nationalgalerie** 11 nahebei ansehen (beide Mi–So, 9–16 Uhr, jeweils 200 Bt). Damit Sie nicht den ganzen Weg zurück gehen müssen, steigen Sie am öffentlichen Chang Pier in eines der Boote und fahren zurück zum Tha Tien Pier.

Einzigartiges Chaos

Wenn Sie ihre Fahrt mit dem Boot auch auf dem Wasser beenden wollen, fahren Sie flussabwärts zum Rajchawong Pier, von wo aus Sie geradewegs nach **Chinatown** 12 spazieren können. In diesem quirligen Handelszentrum gibt es nahezu alles zu kaufen. In den malerischen schmalen Gassen stößt man zudem auf unzählige kleine Restaurants, in denen eine authentische chinesische Küche geboten wird. Wer will, stoppt am Oriental Pier für einen stilechten Sundowner.

Für Romantiker

Arun by the River 2: Soi Chetuphon, Tel. 022 21 91 58, www.arunresidence. com. Der Blick auf den nachts angestrahlten Wat Arun – Romantik pur. Gute Küche, Hauptgerichte 4–10 €.

Tickets

Chao Phraya Express Boat betreibt reguläre Fähren (3–14 Bt) und Touristenboote. Die Tickets (150 Bt) sind den ganzen Tag über gültig, verkauft werden sie auch an einigen Skytrainstationen (Fahrtkosten für den Skytrain zum Pier im Preis enthalten). Tickets gibt es am Sathorn Pier (Central Pier), am Phra Arthit Pier (BTS Tourist Services Unit), an der Siam Station (Interchange Station), der Nana Station und der Taksin Station.

Sie können diese Tour auch mit öffentlichen Booten machen; das ist günstiger und aufregender (Infos zu allen Bootsverbindungen www.cha ophrayaexpress boat.com). Wenn sie ein öffentliches Boot nutzen, erkundigen Sie sich immer danach, ob es an der von Ihnen gewünschten Station hält. Tipp: Leihen Sie sich einen 200 Bt (ca. 5 €) teuren Audioguide in deutscher Sprache, der sie durch das Gelände führt.

Feste

Im Wat Phra Kaeo wird am **Chakri-Tag** (6. 4.) die Inthronisation des Gründers der Hauptstadt gefeiert. Auch **Visakha Bucha**, ein Fest zu Ehren Buddhas, wird hier an Vollmond im Mai mit einer Lichterprozession begangen.

1 | Bootsfahrt durch Bangkok

des modernen puristischen Designs der schönen Schlafsäle und Zimmer ist das Haus sehr beliebt. Promotionangebote im Internet, vorbuchen ratsam.

Neben der Khao San Road – **Four Sons Place** **2**: 5 Trok Mayom, Jakapong Road, Tel. 022 82 15 99, www.fs-hotel.com, ab 15 €. In einer ruhigen Nebenstraße hinter der belebten Khao San Road, saubere kleine Zimmer, TV und Klimaanlage. Aufzug.

Träume ganz in Blau – **Dream Hotel BKK** **3**: 10 Soi 15, Sukhumvit Road, Tel. 02 25 48 50, www.dreambkk.com, ab 40 €. Schickes Hotel mit 200 Zimmern und viel Komfort (TV, WLAN im Zimmer). Der Pool und die in blau gehaltene Beleuchtung sorgen für Entspannung.

Direkt am Chao Phao – **New Siam Riverside** **4**: 21 Phra Athit Road, Tel. 026 29 35 35, www.newsiam.net, ab 40 €. Saubere Zimmer mit Klimaanlage, TV und Safe, die teuren Zimmer mit Blick auf den Fluss. Abkühlung verschafft der kleine Pool. Gutes Frühstücksbuffet.

Boutiqueschick in Chinatown – **Shanghai Mansion** **5**: 479-481 Yaowarat Road, Tel. 02 22 21 21 21, www.shanghai-inn.com, ab 50 €. Das Design ist ausgefallen und sehr chinesisch. Dazu viel Technik (u.a. WLAN) und ein gutes Spa mitten im quirligen Chinatown.

Essen und Trinken

Treffpunkt der Boheme – **Hemlock** **1**: 56 Phra Athit Road, Tel. 022 82 75 07, 16–24 Uhr. Dieses günstige Restaurant bietet gute und teils ausgefallene Thaiküche für wenig Geld.

Ganz nah am Wat Pho – **Arun by the River** **2**, s. S. 32.

Dinieren im traditionellen Holzhaus – **Le Dalat Indochine** **3**: 14 Soi 23, Sukhumvit Road, Tel. 026 61 79 67, www.ledalatindochinebkk.com, 11.30–14.30, 18–22.30 Uhr. Inmitten eines schönen Gartens lädt dieses Lokal zu

gehobener vietnamesischer Küche. Hauptgerichte zwischen 4 und 30 €.

Gemütliches Restaurant – **Crepes & Co** **4**: 18/1 Soi 12, Sukhumvit Road, Tel. 026 53 39 90, www.crepes.co.th. Angenehme Atmosphäre und leckere Gerichte (mittleres Preisniveau). Auch an die Kleinen ist gedacht: Die Crêpe strahlt mit einem Gesicht und schmeckt dann gleich doppelt lecker.

Speisen mit Stil – **Blue Elephant Restaurant** **5**: 233 Sathorn Tai Road, Tel. 026 73 93 53, www.blueelephant.com, 11.30–14.30 und 18.30–22.30 Uhr. In einem Kolonialhaus genießen die Gäste hervorragende gehobene Thaiküche zu angemessenen Preisen (Vorspeisen ab 4 €, Hauptgerichte ab 10 €). Abends wird angemessene Garderobe erwartet.

Speisen auf dem Chao Phao – **Wan Fah Dinner Cruise** **6**: Tel. 026 22 76 57, www.cruise-thailand.com/Wan_Fah_Dinner_Cruise. Allabendlich fährt die umgebaute Reisbarke mit ihren speisenden Gästen zwischen 19 und 21 Uhr auf dem Chao Phaya an den Sehenswürdigkeiten Bangkoks vorbei. Zudem gibt es traditionellen Thaitanz. Schöne Alternative (allerdings ohne Ausstieg) zu einer Tagesfahrt auf dem Fluss, s. S. 31. Dinner inkl. Hoteltransfer 30 €.

Einkaufen

Abtauchen im Einkaufsparadies – **Siam Paragon** **1**: www.siamparagon.co.th. Am Siam Square liegt neben anderen großen Einkaufszentren dieses riesige Einkaufsparadies mit ausgefallenem Angebot. Neben zahlreichen exquisiten Läden, beherbergt das Haus mit der **Siam Ocean World** (s. S. 37) eine einzigartige Attraktion.

Vielfalt und Exotik – **Suan-Chatuchak-Markt** **2**: Der als Weekend Market in aller Welt bekannte Suan-Chatuchak-Markt bietet alles, was das Herz begehrt, **direkt 2▸** S. 34.   ▷ S. 37

33

2| Einkaufen in Bangkok – der größte Markt der Stadt

Karte: ▶ E 1 | **Cityplan:** S. 38 | **Plan des Markts:** S. 36

In seiner Vielfalt und Exotik einzigartig ist der Suan-Chatuchak-Markt im Norden der Stadt. Dieser in aller Welt als Weekend Market bekannte Platz bietet alles, was das Herz begehrt – oder begehren könnte. Machen Sie einen Ausflug zu einem der spektakulärsten Märkte Asiens.

Der **Suan-Chatuchak-Markt** 2 ist mit über 18 ha der wohl größte Asiens. Die Angaben, wie viele Stände hier um Kunden werben, reichen von 10 000 bis 15 000. Vor allem am Wochenende ist viel los. Im Durchschnitt sind es 200 000 Besucher, die hier täglich einkaufen.

Sie suchen eine Hose, ein paar ausgefallene Schuhe, ein schönes Mitbringsel, einen asiatischen Stoff – dann werden sie hier ganz sicher etwas finden. Wenn sie nur gucken wollen, werden sie ebenfalls glücklich: Viele exotische Pflanzen, wunderschöne Fische und merkwürdiges Getier, bewundernswerte Handarbeiten und Kunstwerke laden zum Bestaunen ein.

Erste Orientierung
Es gibt drei **Eingänge** 1 – 3, die auf den L-förmigen Platz führen – welchen Sie wählen, hängt ab vom Verkehrsmittel, mit dem Sie anreisen. Zentral auf dem Platz steht ein gut sichtbarer Uhrturm. Um dem Gewirr der Stände eine Ordnung zu geben, wurde der Markt in 27 Sektionen aufgeteilt. Mit einer Karte ausgerüstet (s. S. 36), finden sie sich hier rect gut zurecht. Wer etwas Passendes gefunden hat, sollte es direkt kaufen, denn einen Stand wiederzufinden, ist trotz Karte ein nur selten erfolgreiches Unterfangen.

Exotisch und farbenfroh
Am zentralen Platz stößt man zuerst auf Stände mit **Textilien** 4. Spiegel und Kabinen sind selten, aber ein schützend

2 | Bangkoks größter Markt

davor gehaltener Sarong tut als improvisierter Ankleideraum gute Dienste. Sie lieben Handtaschen und Schuhe? Dann werden sie direkt in Freudentaumel verfallen: Neben Modellen bekannter Designer (meist nachgemacht!), finden sich einzigartige Exponate, mit denen Sie daheim ganz sicher die Aufmerksamkeit auf sich ziehen werden.

Tierfreunde aufgepasst

Schlendern Sie weiter Richtung Norden, gelangen Sie nach wenigen Schritten zu den **Tieren** [5]. Putzige Welpen lassen die Herzen von Hundefreunden höher schlagen; doch wegen der nicht immer artgerechten Haltung ist ein Besuch hier nicht für jeden ein Spaß. Bevor Sie beschließen, einem dieser kleinen Racker ein schöneres Zuhause zu geben, bedenken Sie, dass das Tier Papiere haben und geimpft sein muss. Auch bei der Fluggesellschaft sollte man sich zuvor erkundigen, wie die Mitnahme von Hunden geregelt ist. Aufgrund der strengen Ausführungsvorschriften sollte man bei den exotischen Vögeln und wunderschönen Zierfischen überstürzte Begeisterungskäufe vermeiden. Besonders Donnerstags lohnt ein Besuch für Aquarienfreunde, denn dann werden besonders viele Zierfische feilgeboten. Wer Tiere kaufen will, sollte sich beim Zoll informieren und sich nicht auf die ›no problem‹-Bekundungen der Verkäufer verlassen.

Kunst und Rast

Am nördlichen Ende des Marktes gibt es interessantes **Kunsthandwerk** und auch **Malereien** [6]. Wenn Sie eine Pause brauchen, empfiehlt sich ein Besuch im angrenzenden Chatuchak Park, wo es sich im schön angelegten **Botanischen Garten** [7] herrlich entspannen lässt.

Wenn Sie der Hunger treibt, wenden

Einer der unzähligen Stände mit Zierfischen

Sie sich Richtung Süd-Westen, passieren Stände mit Kleidung und wunderschönen Pflanzen und gelangen dann zu zahlreichen **Essenständen** [8]. Diese laden zum Verweilen und Probieren ein. Lassen Sie sich am besten dort nieder, wo viele speisen, denn dort ist die Ware meist frisch. Bestellen sie *mai pet* (nicht scharf), denn hier wird traditionell sehr scharf gekocht. Angeboten wird hier auch leckeres Obst, so dass auch weniger Experimentierfreudige satt werden.

Übrigens: Ihre Einkäufe können Sie meist problemlos mit in den Flieger nehmen, auch wenn es sich z. B. um Gemälde handelt. Für den Transport werden diese vom Rahmen genommen und in Plastikrohre verpackt. Lackware und Töpferwaren werden ebenfalls gekonnt stoßsicher verpackt. Wer schwere und sperrige Waren kauft, kann diese direkt von einer Spedition einpacken und verschiffen lassen.

35

Wer immer noch nicht genug hat, findet im westlichen Bereich weitere **Handwerkskunst** 9, **Möbel und Kleidung** 10, ganz im Westen **Antiquitäten, Devotionalien und Sammlerstücke** 11. Vielleicht finden Sie ja hier ein Glücksamulett, das Sie auf Ihrer weiteren Reise schützend begleitet.

Vorsicht: Geübte Taschendiebe machen seit jeher den Markt unsicher. Lassen Sie niemals ihren Rucksack stehen, tragen sie ihn nie unverschlossen. Im Notfall können Sie sich an die Tourist Police wenden (S 1).

Touristeninformation
Büros befinden sich am **Eingang** 1 an der Kamphaeng Phet Road und direkt gegenüber der Skytrainhaltestelle (Tel. 022 72 44 40). 7–18 Uhr. Hier werden Pläne des Marktes verteilt. Diesen Plan finden Sie auch im Internet unter www.jatujakguide.com oder an vielen Verkaufsständen.
Tipp: Versuchen Sie zu handeln. Das hat nichts mit Geiz zu tun, sondern gehört für die Thailänder einfach dazu.

Öffnungszeiten
Tgl. 7–18 Uhr. Am Wochenende ist besonders viel los, dann kommen die meisten Besucher und es gibt die meisten Verkaufsstände.

Anfahrt
Mit dem **Skytrain** kommen Sie von der Sukhumvit Road bis zur **Haltestelle Mo Chit** 1 neben dem Chatuchak Park. Mit der **U-Bahn** 2 gelangen Sie vom Bahnhof über die Sukhumvit Road zum Markt. Wer in Banglampoo wohnt, nimmt den klimatisierten **Bus Nr**. 3 3.

Lohnt einen Abstecher
Wer mit Kindern reist, sollte das nahegelegene **Children's Museum** 12 besuchen. Themen aus Umwelt, Technik und Kultur werden hier kindgerecht präsentiert. Das Museum befindet sich nördlich des Marktes und hat Di–Fr von 9–18 und am Wochenende von 10–19 Uhr geöffnet (150 Bt, Kinder 120 Bt).

2 | Bangkoks größter Markt

Ausgehen

Cocktails ganz hoch oben – **Skybar**
1 : 64. Stock im State Tower, 1055
Silom Road, Tel. 026 24 95 55, www.the
domebkk.com, ab 18 Uhr. Blick auf den
Fluss von ganz weit oben. Es heißt, dies
sei die höchste Freiluftbar der Welt. Wer
speisen will (ab 21 €), muss vorbestellen.

Coole Atmosphäre – **Bed Supper-
club 2** : 26 Soi 11, Sukhumvit Road, Tel.
026 51 35 37, www.bedsuperclub. com,
bis 35 € Eintritt je nach Programm. An-
gesagter Club mit wechselnden DJ's
und einem gehobenen Restaurant, in
dem man im Liegen essen kann.

Hier tanzt die Jugend Bangkoks –
Route 66 3 : RCA, www.route66club.
com, 19–2 Uhr. Auf drei Tanzflächen
wird zu Hip Hop, Techno und Thai-Pop
getanzt – am Wochenende sehr voll.

Sport und Aktivitäten

Beim Muay Thai hautnah dabei –
Lumpini Stadium 1 : www.muaythai
lumpini.com, aktuelle Thai-Boxkämpfe
auf der Webseite. Die Shows starten
um 18.30 Uhr, ab 12 €. Gekämpft wird
auch im **Rajadamnoen Stadium 2**
viermal wöchentlich zur gleichen Zeit.

Einzigartig – **Siam Ocean World 3** :
www.siamoceanworld.com, 850 Bt. Das
größte Aquarium der Region befindet
sich im **Siam Paragon 1** (s. S. 31) und
beherbergt über 30 000 Meerestiere.
Besucher können auf Tauchgängen ein
künstliches Korallenriff oder per Boot mit
gläsernen Boden das Areal erkunden.

Infos

Touristeninformation: 4 Ratchadam-
noen Nok-Avenue, Tel. 022 82 97 73,
8.30–16.30 Uhr. Zentrale: 1600 New
Phetchaburi Road, Tel. 022 50 55 00,
www.touris mthailand.org.

Skytrain: Vom Weekend Market über
den Siam Square und die Sukhumvit
Road bis zum Eastern Busterminal. Infos

unter www.bts.co.th. Umsteigebahnhof
Richtung Chao Phao ist der Siam Square.
Tickets pro Fahrt ca. 1 €, Tagesticket 3 €.

U-Bahn: Das kurze Sreckennetz verbindet den zentralen Bahnhof Hua Lam-
phang mit der Sukhumvit Road und
dem Weekend Market.

Taxi: Taxen mit Taxameter fahren überall und werden herangewunken. Am
Flughafen werden 50 Bt aufgeschlagen.

Tuk Tuks: Noch brausen die kleinen
Dreiräder, die zum Symbol Bangkoks geworden sind, durch die Stadt. Die Fahrt
ist meist teurer als im Taxi und der Preis
sollte vorher ausgehandelt werden. Vorsicht vor Schleppern, die mit Billigstprei-
sen (30 Bt/Std.) Touristen locken und an
Souvenirshops aussetzen.

Bus: Sinnvoll für die Orientierung sind
die Faltpläne mit eingezeichneten Bus-
verbindungen, die es in zahlreichen Tou-
ristengeschäften zu kaufen gibt.

Chinesisches Neujahr: Neumondtag,
zwischen dem 21. Januar und dem 19.
Februar, in Chinatown; mit reichlich
Knallfröschen und vielen Prozessionen.

Makha Bucha: Vollmondtag im März.
Gedacht wird Buddhas Predigt mit Prozessionen in den Tempeln des Landes.
Besonders sehenswert im Wat Bencha-
mabopitr im Dusit-Bezirk.

Songkran: Wasserfest, Thai-Neujahr,
13.–15. April. Auf allen Straßen des Landes wird es nass und lustig, besonders
in Bangkok geht es wüst zu und schwa-
che Naturen sollten die Stadt meiden.

Krönungstag: 5. Mai. Im Jahr 1950
wurde der amtierende König Bhumipol
zum König gekrönt – dies wird alljährlich mit einem langen Wochenende gefeiert, mit Feuerwerk und Lichterketten.

Geburtstag des Königs: 5. Dez., im
ganzen Land, vor allem aber in Bangkok, wird der verehrte König gefeiert.
Lichterketten schmücken die Bäume
und Großleinwände zeigen den König
in (fast) allen Lebenslagen.

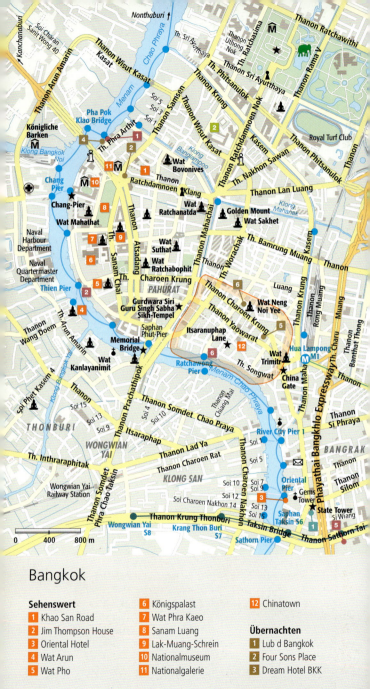

Bangkok

Sehenswert
1. Khao San Road
2. Jim Thompson House
3. Oriental Hotel
4. Wat Arun
5. Wat Pho
6. Königspalast
7. Wat Phra Kaeo
8. Sanam Luang
9. Lak-Muang-Schrein
10. Nationalmuseum
11. Nationalgalerie
12. Chinatown

Übernachten
1. Lub d Bangkok
2. Four Sons Place
3. Dream Hotel BKK

Die Golfküste

Phetchaburi ▶ D 2

Phetchaburi ist eine kleine, beschauliche Stadt, die mit zahlreichen **Tempeln** (direkt 3| S. 42) aufwartet und vor allem Kulturinteressierte begeistert. Viele alte Holzhäuser sind bis heute erhalten und da wenige Touristen hierher kommen, lernen Sie hier Thailand abseits der Touristenströme kennen. Der nahegelegene Strand Hat Samran bietet Abwechslung und so lohnt es sich durchaus, hier für zwei bis drei Tage Station zu machen.

Neben den Sehenswürdigkeiten besuchen Reisende gerne auch **Wat Phra Phuttha Saiyat** 1 . Hier befindet sich der mit einer Länge von über 30 m viertgrößte liegende Buddha Thailands. Auch die Höhlen des **Khao Bandai It** 2 werden gerne besucht. Eine Legende weiß zu berichten, dass der Chedi, also der Stupa des hier stehenden Wat Bandai It, einst von einem wohlhabenden Bürger, der in der Ayutthaya-Periode lebte, gespendet wurde. Seine Frau spendete den Bot (Tempelraum) und seine Nebenfrau den Viharn (Sakralbau neben dem Bot). Letzterer neigt sich dezent Richtung Chedi und das Volk munkelt, dies zeige, wer des Mannes Herz am meisten berührte.

In der Umgebung lohnt ein Ausflug zur Tropfsteinhöhle **Khao Luang** 3 etwa 3 km nördlich von Phetchaburi. Besonders zur Mittagszeit, wenn die Sonne durch das eingebrochene Dach scheint, wird das gesamte Höhle in ein faszinierendes Licht getaucht.

Etwa 20 Minuten mit dem Songthaew entfernt liegt **Hat Samran**, ein bei den Einheimischen beliebter Strand. Am Wochenende sind alle Unterkünfte ausgebucht, in der Woche ist es ruhig. Da Phetchaburi nur wenige schöne Hotels zu bieten hat, wohnt man besser am Strand.

4 – 11 s. S. 42

Übernachten

Günstig – **Rabieng Rimnum Guesthouse** 1 : 1 Shresrain Road, Tel. 032 42 57 07, www.rabiengrimnum.com. Ganz einfaches hölzernes Gästehaus mitten in Phetchaburi. Schön am Klong gelegen. Freundliche Leute. DZ 6 €.

Unterhalb des Palastes – **Sun Hotel** 2 : 43/33 Soi Phetkasem 1 (gegenüber der Schienenbahn), Tel. 08 17 63 70 10, www.sunhotelthailand.com. Geräumige einfache Zimmer mit Klimaanlage und TV, viele mit Balkon, einige mit Blick auf den Khao Wang. Restaurant in der Lobby, ab 18 €. inkl. Frühstück. Kein Aufzug.

Leben auf dem Land – **Datofarm** 3 : 08 71 16 45 04, www.datofarm.com. In einem Dorf ca. 8 km von Phetchaburi. 3 Zi., ab 15 €. Schön ist das ganz aus

---

Zahlreiche **Affen** empfangen die Besucher und warten auf Futter. Bananen und andere Leckereien kosten 20 Bt. Vorsicht vor dem Rudelführer – schnell hat er die ganze Tüte an sich gerissen.

Phetchaburi

Sehenswert
1 Wat Phra Phuttha Saiyat
2 Khao Bandai It
3 Khao-Luang-Höhle
4 Wat Yai Suwannaram
5 Kamphaeng Laeng
6 Wat Pailom
7 Wat Phra Song
8 Wat Mahathat Worawihan
9 National Historical Park
10 Phra Nakhon Khiri
11 Wat Ko Kaew Sutharam

Übernachten
1 Rabieng Rimnum Guesthouse
2 Sun Hotel
3 Dato Farm
4 Sea Sky Boutique Resort

Essen und Trinken
1 Garküchen

Holz gestaltete DZ. Frühstück auch europäisch, mit Knäcke- und Vollkornbrot. Tolle Ausflüge.
Stilvoll – **Sea Sky Boutique Resort** 4: 5 Moo 2 Hat Chao Samran, Tel. 032 47 84 31, ca. 100 €. www.seaskyresort.com. Geschmackvolle Anlage mit Villen und Bungalows. Jakuzzi und schöner Pool am Meer, für Kinder gibt es einen eigenen Pool.

Essen und Trinken
Typisch thaiändisch – **Garküchen** 1 finden sich in der Nähe des Uhrturms. Hier gibt es typische Thaigerichte, u. a. auch diverse frittierte Insekten, frischer Papaya-Salat ist ebenfalls im Angebot. Auch am Strand laden Garküchen zu einem Imbiss; beliebt ist vor allem der getrocknete Fisch. In den kleinen Nudelsuppenshops be-   ▷ S. 45

3 | Die Stadt der heiligen Türme – Tempel in Phetchaburi

Karte: ▶ D 2 | **Cityplan:** S. 41

Khmer-Heiligtümer und alte Tempel aus der Glanzzeit der Ayutthaya-Periode künden noch heute von der Vergangenheit dieser kleinen Stadt. Erkunden Sie auf einem Ausflug einige Heiligtümer und lassen Sie sich von alten Wandmalereien Geschichten erzählen.

Über 30 Tempel stehen in dieser gerade mal 40 000 Einwohner zählenden Stadt und viele davon lassen sich auf einem Fußmarsch – oder bequemer, einer Fahrt mit dem Songthaew – erkunden. Wenn Sie zu Fuß gehen wollen, dann nehmen Sie sich am besten zwei Tage Zeit – wenn Sie mit dem Taxi fahren, können Sie auch mit einem Tag auskommen.

Verblasste Pracht

Idealer Ausgangspunkt einer Tempeltour ist der etwa 1 km nördlich des Stadtzentrums gelegene Tempel **Wat Yai Suwannaram** 4 aus der Ayutthaya-Periode (17. Jh.); dessen Wandmalereien stammen aus ebendieser Zeit. Die große hölzerne Halle, die einst in Ayutthayas Palast stand, beeindruckt mit ihren hohen goldbemalten achteckigen Säulen und ihren riesigen Holztüren. An den Wänden lassen sich Eremiten, Priester, Riesen, Garudas und himmlischen Wesen bewundern. Die Malereien sind zwar verblasst, doch man kann die einstige Pracht noch immer erahnen.

Vom 12. Jh. bis zur Gegenwart

Wenige Meter entfernt betreten Sie das Gelände des ältesten Tempel Phetchaburis: Der einst von den Khmer aus Sandstein erbaute Komplex stammt aus dem 12. Jh. und gilt als der südlichst gelegene Khmertempel Thailands. Der im Bayon-Stil erbaute **Kamphaeng Laeng** 5 diente einst der Verehrung brahmanischer Götter, heute beherber-

3 | Tempel in Phetchaburi

gen die Ruinen Buddhastatuen. Von den einstigen Steinmetzarbeiten (u. a. Garudas, Dämonen und Nagas), die den Tempel zierten, sind leider nur noch wenige Fragmente erhalten.

Weiter Richtung Stadtzentrum passieren Sie rechterhand die kleine Ruine des **Wat Pailom** 6 . Dieser aus der Ayutthaya-Zeit stammende Wat zeigt eindrucksvolle, gut erhaltene Steinmetzarbeiten: Neben Alltagsszenen ist vor allem Garuda, der den Giebel des Tempels schmückt, gut erkennbar.

Ein paar Meter weiter stoßen Sie auf einen Tempel neueren Datums, den **Wat Phra Song** 7 , dessen moderne Holzschnittkunst einen Einblick in die heutige Arbeit junger Tempelkünstler gewährt. Mythische Fabelwesen und Naturdarstellungen bestimmen das Bild.

Zum wichtigsten Tempel Phetchaburis gehört der weithin sichtbare weiß getünchte Prang des **Wat Mahathat Worawihan** 8 , auf den Sie nun zusteuern. Der über 50 m hohe Prang wird von vier kleineren Stupas umrahmt. Die Legende erzählt, dass seine Entstehung vor über 1000 Jahren auf einen Wettstreit zurückgeht. Als die Birmanen einst die Stadt erobern wollten, konnte der Herrscher Phetchaburis sie zu einem Wettbewerb herausfordern: Wer innerhalb eines bestimmten Zeitraums den höheren Prang erbaute, sollte über das Gebiet herrschen. Die Birmanen verloren und mussten sich geschlagen geben. In seiner Gestaltung ist der Phra-Prang sichtlich von der Khmer-Architektur beeinflusst, in der der höchste Prang den Berg Meru symbolisiert. In den 1930er-Jahren wurde der Prang von Grund auf erneuert und in den 1990er-Jahren erneut weiß getüncht.

Im Bot des Wat stehen die drei bedeutendsten Buddhastatuen Phetchaburis, die Ziel zahlreicher Pilger sind.

Räucherstäbchen werden abgebrannt und Goldblättchen angebracht.

Wandmalereien zieren die Wände des Bot, sie erzählen vom Alltag der Menschen, mythische Fabelwesen sind dabei ebenso zu sehen, wie europäische Reisende, die bereits vor vielen vielen Jahren in der einstigen Handelsstadt Phetchaburi zu Gast waren.

Das Wat beherbergt eine Schule, an der unter anderem Thaitanz gelehrt wird. Mit etwas Glück kann man einer Aufführung beiwohnen. Wer zu Fuß unterwegs ist, sollte es nun genug sein lassen, denn für die Besichtigung des jetzt auf dem Programm stehenden Sommerpalastes von König Rama IV. braucht es genügend Zeit.

Königliche Gemächer

Auch auf dem Gelände des **National Historical Park** 9 des Sommerpalastes **Phra Nakhon Khiri** 10 , auf dem Khao Wang, stehen schöne Tempel. Sie sollten die Anlage entweder am frühen Morgen oder am frühen Abend besuchen – ansonsten brennt die Sonne erbarmungslos auf Sie hinab. Bequem ist die Fahrt mit der Schienenbahn, die Sie zum Nationalmuseum bringt. Hier durchwandern Sie die alten Gemächer des Königs, die in ihrem Stil sehr europäisch gehalten sind. Unübersehbar sind die französischen Einflüsse auf Rama IV. und die des deutschen Kaisers Wilhelm auf seinen Freund Rama V. Von den hoch gelegenen Tempeln, wie etwa dem Wat Phra Kaew, eröffnet sich ein toller Blick in die Umgebung. Ein ge-

Übrigens: Vorsicht vor den diebischen Affen, die vor allem an der Schienenbahn Gästen auflauern. Verpacken Sie alles Essbare, damit Sie keine Angriffsfläche bieten.

Die Golfküste

Der Tempelturm des majestätischen Wat Mahathat Worawihan ist über 50 m hoch

ruhsamer Spaziergang über das Gelände dauert etwa eine Stunde.

Lohnt einen Abstecher
Wenn Sie früh am Morgen aufbrechen, lohnt ein Besuch des **Wat Ko Kaew Sutharam** 11. Der Bot ist zwar meist verschlossen, doch in aller Frühe findet sich fast immer ein Mönch, der das Heiligtum öffnet. Die Stuckarbeiten machen das Wat zu einem der schönsten Heiligtümer der Stadt.

Mehr Infos zum Historical Park
8.30–16.30 Uhr, 150 Bt, Kinder kostenlos. Die Schienenbahn fährt von 8.30–16.30 Uhr und kostet für Kinder ab 90 cm Körpergröße 15 Bt, für Erwachsene 40 Bt. Eintritt zahlen Sie oben auf dem Berg. Jährlich im Februar findet ein großes Fest statt, bei dem der ganze Berg in Musik und Licht getaucht wird.

Mit Kindern unterwegs
Vor dem Wat Yai Suwannaram befindet sich ein kleiner Spielplatz – ein prima Start in den Tag. Abends ist der Spielplatz nahe des Busbahnhofs ein schönes Ziel, denn dann finden sich hier zahlreiche Familien ein, um auf dem großen Platz den Tag zu beschließen.

Taxi
Ein Mopedtaxi kostet für 5–6 Stunden etwa 10 €, ein Songthaew etwa 20 €.

Tipp
Nahe des Wat Mahathat Worawihan liegt das alte Stadtviertel Phetchaburis. Hier kann man herrlich günstig an Straßenständen essen und durch die Gassen der Stadt schlendern. Räucherstäbchen und andere Devotionalien als Mitbringsel gibt es in vielen kleinen Läden.

Phetchaburi ist bekannt für seine **Süßigkeiten** aus Kokosnussmilch, Palmzucker und Gänseeiern. Bereits am frühen Morgen gibt es frischen Kokoskuchen zu kaufen, den man sich nicht entgehen lassen sollte.

kommt man eine leckere Suppe schon für 30 Bt.
Direkt am Fluss – **Rabieng Rimnum Guesthouse** 1: Seit Jahren beliebte Traveller-Küche. Günstig, s. S. 40.

Infos und Termine
Züge: Tageszüge fahren mehrfach von und nach Bangkok.
Busse und Minibusse: Nach und von Bangkok (Southern Busterminal)
Stadtbusse: Große Songthaews starten am Uhrturm etwa alle zwei Stunden zum Hat Samran (0,50 Cent). Kleine Songthaews für maximal acht Personen chartern man privat (Hat Samran 5 €). Mopedtaxis kosten ebensoviel, sind aber schneller.
Krönungstag: 5. Mai, s. S. 36

Kaeng Krachan National Park ▶ C/D 2/3

Mit ca. 2915 km² ist der Kaeng Kracha der größte Nationalpark Thailands; er erstreckt sich bis zur birmanischen Grenze. Nur wenige Touristen kommen hierher, denn der Park ist schwer zugänglich, sehr gebirgig und daher nur wenig erschlossen. Es gibt eine Hauptroute, die mit dem Auto oder dem Motorrad befahren werden kann. Die Berge hingegen kann man nur zu Fuß erkunden.

Diese Abgeschiedenheit hat für die Tierwelt große Vorteile: Es heißt, hier leben noch wilde Elefanten, Wildrinder, Krokodile und Bären. Sie können eine Trekkingtour unternehmen, doch machen Sie sich keine zu große Hoffnung, die seltenen Großtiere zu Gesicht zu bekommen. Schön sind aber bereits die Begegnungen mit Makaken, Gibbons und großen Waranen, die ihnen mit ziemlicher Sicherheit über den Weg laufen werden. Wer Wasserfälle liebt, besucht den Namtok Tho Thip. Hier können Sie zelten. Etwa 54 km vom Nationalparkbüro entfernt befindet sich der höchste Berg des Park, der Khao Phanoem Thung. Von hier oben eröffnet sich ein fantastischer Ausblick auf den Regenwald.

Übernachten
Schöne Bungalows – Die **Nationalpark-Bungalows** müssen vorgebucht werden. Auf eigene Faust kann man im Internet buchen unter www.dnp.go.th, telefonisch unter 025 62 07 60, ab 30 €. Die Bungalows stehen in drei verschiedenen Bereichen des Parks, mit unterschiedlicher Ausstattung für 3–6 Personen, alle mit Klimaanlage und warmen Wasser.
Zelten – Im **Bang Krang Camp** oder nahe den Bungalows des Nationalparks kann man für etwa 5 € im Zelt übernachten.

Verkehr
Anreise: Mit dem eigenen PKW wird es holprig und die meisten Mietwagen sind auf derartig schlechten Straßen nicht versichert. Es empfiehlt sich daher, eine Tour zu buchen. Öffentliche Verkehrsmittel fahren überhaupt nicht in

Sie sollten im Kaeng Krachan **keine Tour ohne Führer** unternehmen. Und sofern Sie übernachten, darf ein warmer Pullover nicht fehlen.

Die Golfküste

den Park; Tagesticket 200 Bt, eigener PKW 30 Bt.
Reisezeit: Die beste Reisezeit ist von November bis Mai, zwischen August und Oktober ist der Park geschlossen.
Touren: Am Servicebüro der Ranger halten sich Führer für kürzere Ausflüge bereit, längere Touren organisiert man am besten von Phetchaburi aus: Das Rabieng Rimnum Guesthouse (s. S. 40) bietet mehrtägige Touren an und auch Thomas Krey von der Datofarm (s. S. 40) organisiert Tagesausflüge in den Nationalpark.

Hua Hin ▶ D 3

Die Geschichte Hua Hins als bekanntes Seebad begann vor über 100 Jahren, als das Königshaus den Strand für sich entdeckte, **direkt 4!** S. 47. Seither wurde das touristische Angebot sowohl für Thailänder als auch für westliche Touristen stetig ausgebaut. Die Altstadt mit ihren kleinen Holzhäusern ist weitgehend erhalten. Wenn Sie hier spazieren gehen, erhalten Sie einen Eindruck vom ursprünglichen Leben Hua Hins.

Der Strand ist kilometerlang und wer mag, kann auf einem Pony am Meeresufer entlang reiten. Den dicken Findlingen am Strand verdankt die Stadt ihren Namen – Hua Hin bedeutet soviel wie Steinkopf. Sie sind ein beliebtes Fotomotiv bei thailändischen Paaren: Er knipst und sie sitzt lächelnd, die Beine züchtig angewinkelt, wie eine Meerjungfrau auf einem Stein.

Während die einheimischen Touristen hauptsächlich im nördlichen Strandabschnitt unter schattigen Liegestuhlwiesen ruhen, suchen Sonnenhungrige aus dem Westen eher Liegestühle am Hotelpool. Zentral in Hua Hin befindet sich der Hafen, an ▷ S. 51

Über mehrere Kilometer erstreckt sich der Sandstrand von Hua Hin

4 | Reisende Könige – Spurensuche in Hua Hin und Cha-Am

Karte: ▶ D 2 und D 3 | **Cityplan:** S. 50

Seit Beginn des 20. Jh. gehören Cha-Am und Hua Hin zu den beliebtesten Seebädern des thailändischen Adels und der Oberschicht. Besuchen Sie wunderschöne Sommerpaläste und das originalgetreu restaurierte Railway-Hotel und genießen Sie aristokratisches Urlaubsgefühl.

Noch heute sind die beiden Seebäder Cha-Am und Hua Hin besonders bei Thailändern beliebt. Sie liegen nur etwa 190 km von der Hauptstadt entfernt und sind daher ein beliebtes Wochenendziel. Das Seebad Hua Hin wurde bereits ab 1910 vom Königshaus als Urlaubs- und Erholungsort aufgesucht, die aristokratische Oberschicht folgte kurze Zeit später. In den 1920er-Jahren orientierten sich die reichen Herrschaften jedoch bereits weiter Richtung Norden. Sie ließen die Mangroven beim Fischerort Cha-Am abholzen, verjagten die hier noch lebenden Bären und erschlossen sich ihr eigenes Seebad. Heute zieht es die reichere Jugend vornehmlich nach Cha-Am und die wohlhabenden Familien und Ehepaare nach Hua Hin – auch das Königshaus unterhält hier noch eine Sommerresidenz.

Die erste Sommerresidenz der Region

Der Palast **Phra Ratchaniwet Maruekkhataiyawan** [1] geht auf Rama V. (reg. 1868–1910) zurück, dessen Bruder Rama VI. den Bau fortführte. Unter seiner Leitung entstand ein wunderschöner Palast, dessen Besichtigung sich kein Besucher des Landes entgehen lassen sollte. Seit den 1970er-Jahren ist dieser Ort auch als Mrigadayavan-Palast bekannt. 1986 wurde das Gebäude umfassend saniert und erstrahlt heute in dem Glanz, den auch die königlichen Gäste des ›Palastes der Liebe und Hoffnung‹ einst genießen durften.

Die Golfküste

Der kleine Pavillon des Bahnhofs ist der königlichen Familie vorbehalten

Der Palastkomplex besteht aus zahlreichen Gebäuden, die im thai-viktorianischen Stil errichtet wurden. Durch diese luftige Bauweise gerät ein Besuch auch in den heißen Monaten niemals zur Strapaze.

Der Rundgang beginnt in der Empfangshalle. Es folgt das Quartier für die männlichen, dem sich dasjenige der weiblichen Bewohner anschließt. Über zwei lange überdachte Gänge sind zwei Strandpavillions zu erreichen. Zu gerne würde man hier seine Kleidung gegen Badesachen wechseln und sich in die Fluten stürzen.

Der Palast liegt auf der Strecke zwischen Cha-Am und Hua Hin im Dorf Bang Kra und kann von beiden Orten bequem im Rahmen eines Tagesausflugs besucht werden (Mo–Fr 8.30–16, Sa–So 8.30–17 Uhr, 90 Bt).

Königlicher Bahnhof und aristokratisches Hotel

Langsam rollt der Zug in den königlichen **Bahnhof von Hua Hin** 2 , der in den 1920er-Jahren als einer der ersten Stationen entstand und noch heute zu den schönsten Bahnhöfen Thailands zählt. Jeder kann hier ein- und aussteigen, nur der kleine königliche Pavillon, das Wartehäuschen, ist dem Herrscherhaus vorbehalten. Sonntag gegen 16 Uhr wird die Szenerie perfekt, denn dann hält der Eastern Oriental Express

> **Übrigens:** Ziehen Sie sich ordentlich an, d. h. keine offenen Sandalen, keine Miniröcke, Shorts oder Trägershirts. Auch wenn die Kleidervorschriften stetig weniger beachtet werden, kann es passieren, dass Sie sich wenig kleidsame, aber ›sittsame‹ Garderobe ausleihen müssen.

4 | Hua Hin und Cha-Am

auf seinem Weg von Bangkok nach Singapur.

Als der Bahnhof vollendet war, ließ der damalige Eisenbahndirektor Prinz Purachatra das erste Hotel am Platz errichten: Noch heute beeindruckt das **Railway Hotel** 3 (heute Sofitel Centara Grand Resort) mit seiner viktorianischen Architektur. Auch der Golfplatz war eine Neuerung der Zeit. Es heißt, Rama VII. (reg. 1925–35) habe hier gerade Golf gespielt, als er von der Abschaffung der absoluten Monarchie und seiner Entmachtung erfuhr. Bevor das Haus Anfang des 21. Jh. renoviert wurde, erlangte es Filmruhm als Hotel-Double für das Le Phnom Penh im Film »The Killing Fields«. Auch wer hier nicht wohnt, sollte nicht versäumen, im Museumscafé einen Tee zu trinken – ganz wie einst die reichen adligen Herrschaften.

Wo sich der König erholt

Bis vor wenigen Jahren besuchte König Bhumipol die Sommerresidenz **Klai Kangwon** 4 (»Fern aller Sorgen«). Der Palast wurde von Rama VII. erbaut und offiziell 1929 eröffnet. Es folgten weitere Anbauten, auch durch König Bhumipol (Rama IX.). Es erwartet Sie eine traumhafte Anlage in einem wunderschönen Park, der u. a. mit Skulpturen aus Java geschmückt ist. Sofern keine königlichen Bewohner anwesend sind, kann der Palast betreten werden (10–18 Uhr, 20 Bt) – ausgenommen sind die privaten Gemächer der Herrschaften.

Schöner wohnen in Hua Hin
Citin Loft 1 : 120/22 Soi Huahin, 78 Petchkasem Road, Tel. 032 53 37 78, www.citinlofthuahin.com, ab 35 €. Große saubere Zimmer. Kleiner Pool auf dem Dach. Das **Hotel Sofitel Grand Resort and Villas** 2 : 1 Damnoen Kasem Road, Tel. 032 51 20 21, www.sofitel. com, ab 100 €. Wunderschöne Zimmer im viktorianischen Stil. Der Hotelkomplex liegt direkt am Strand und die Poollandschaft ist atemberaubend.

Stilvolles Heim für Familien
Springfield Beach Resort 3 : 825/5 Jamnong - Poomivej Road, www.springfieldresort.com/beach, ab 100 €. Geräumige, gut ausgestattete Zimmer. Mit Poollandschaft und einem ansprechend aus Holz gestalteten Kinderspielplatz. Toller tropischen Garten, Tennisplätze und Sauna.

Anfahrt und Verkehr
Mit dem **Bus** ab Bangkok in 3 Std. für 150 Bt, Phetchaburi und Hua Hin in 20–30 Min. für 20 bzw. 30 Bt. **Züge** ab Bangkok in 4 ½ Std. für 200 Bt. Zum **Phra Ratchaniwet Maruekkhataiyawan** 1 kostet ein Taxi etwa 200 Bt pro Strecke, 800 Bt für den ganzen Tag, von Cha-Am nach Hua Hin 250–300 Bt. Der **Bahnhof** 2 und das **Railway Hotel** 3 liegen zentral in der Stadt. Ab Hua Hin erreichen Sie die Residenz **Klai Klangwon** 4 zu Fuß (2 km ab Hafen), mit der Fahrradrikscha oder mit dem Taxi für jeweils ab 50 Bt.

Reisezeiten
Von November bis April zieht es vor allem viele Deutsche und Skandinavier nach Hua Hin. In den Wintermonaten ist der breite Strand vom Meer fast überspült und das Wasser sehr aufgewühlt. Ab Februar wird das Wasser wieder blau. An den Wochenenden sind viele Einheimische zu Besuch. Dann sollte man auf jeden Fall vorbuchen, insbesondere in der Zeit von Juni bis Oktober.

Hua Hin

Sehenswert
1 Phra Ratchaniwet Maruekkhataiyawan
2 Bahnhof
3 Railway Hotel
4 Klai Kangwon
5 Khao Hin Lek Fai
6 Khao Thakiap
7 Raschnee Thai Silk Village

Übernachten
1 Citin Loft
2 Hotel Sofitel Grand Resort and Villas
3 Springfield Beach Resort
4 Fulay Guesthouse
5 My Place Hua Hin

Essen und Trinken
1 Take 5
2 Sasi Dinner Theater
3 Stelzenrestaurants
4 Coco 51
5 The Duke's

Einkaufen
1 Nachtmarkt

Sport und Aktivitäten
1 Bucha Bun Cooking Course
2 KBA
3 Ponyreiten

---

dem man morgens die Fischer bei der Arbeit beobachten kann.

Wenn die Sonne ihre Kraft verliert und die Temperaturen sinken, strömen die Besucher in die Stadt. Hua Hin hat eine Menge guter Restaurants und es gibt viele Geschäfte, Schneider und Schmuckhändler. Auch Kunsthandwerk wird angeboten, **direkt 5|** ▶ S. 52. Der Nachtmarkt hat sein Sortiment ebenfalls auf Touristen ausgerichtet.

Khao Hin Lek Fai **5**
Etwa 2 km westlich des Zentrums steht dieser 160 m hohe Berg, von dessen Aussichtspunkten man einen Blick auf die Stadt genießen kann. Frühaufsteher bewundern gerne den Sonnenaufgang, doch die meisten Besucher kommen am Abend; vor allem Liebespaare genießen die romantische Atmosphäre.

Khao Thakiap **6**
4 km südlich des Zentrums erhebt sich Khao Thakiap. Am Fuße des nördlichen Kliffs steht die 20 m hohe Buddhastatue des Wat Khao Lad und blickt auf Hua Hin. Der Berg wird auch Monkey Mountain genannt, denn hier leben viele vorwitzige Affen, deren Attacken auf Essen und Taschen nerven können.

Raschnee Thai Silk Village **7**
s. S. 52

Übernachten
1 – **3** s. S. 49
Auf Pfählen über dem Meer – **Fulay Guesthouse 4**: 110/1 Naresdamri Road, Tel. 032 51 31 45, www.fulayhuahin.com. Das Gästehaus steht auf Stelzen direkt am Hafen und bietet für jeden Geschmack und Geldbeutel eine Bleibe. Gediegen wohnt es sich im Thaihaus, etwas billiger sind die Zimmer mit Klimaanlage und sehr günstig nächtigt man in den Zimmern mit Ventilator. 8–50 €.
Geschmackvolles Ambiente – **My Place Hua Hin 5**: 17 Soi Hua Hin, 74 Ammunuaysin Road, Tel. 032 51 41 11, www.myplacehuahin.com. Das kleine Boutique-Hotel mit 24 Zimmern liegt zentral nahe des Uhrturms. Die Zimmer sind mit allem Komfort ausgestattet, haben einen Safe, Balkon und WLAN. Auf dem Dach kann man in einem kleinen Pool wunderbar entspannen. Ab 35 €.

Essen und Trinken
Mekka für Vegetarier und Lammfreunde – **Take 5 1**: ▷ S. 54

5 | Wie die Raupe spinnt – Seidenproduktion in Hua Hin

Karte: ▶ D 3 | **Cityplan:** S. 50

Ein kleines Museum lädt die Besucher ein, das Handwerk der Seidenherstellung und -verarbeitung kennenzulernen. Anschaulich wird hier gezeigt, wie mit Hilfe kleiner gefräßiger Raupen wunderschöne Seidenstoffe produziert werden.

Seit dem Wirken von Jim Thompson, der 1948 in Bangkok das erste Seidengeschäft eröffnete und die Produktion des Stoffes industrialisierte, ist die Seidenproduktion nicht mehr nur Sache des Hausgebrauchs, sondern ein wichtiger Industriezweig. Jim Thompson verstand es, die Thaiseide weltbekannt zu machen und ihren guten Ruf hat sie sich bis heute erhalten.

Der Schneider Mike & Tailors hatte eine Geschäftsidee, die vor allem westliche Besucher begeistert: In seinem **Raschnee Thai Silk Village** 7 zeigen Ihnen freundliche Angestellte, wie Raupen aufgezogen werden, wie die Seide gewonnen, gesponnen, gefärbt und verarbeitet wird.

Auf Holzgeflechten werden kleine, sehr gefräßige Larven mit Blättern gefüttert. In nur zwei bis drei Wochen sind aus den winzigen Tierchen große Raupen geworden. Nun ist Schluss mit Essen. Die Tiere wollen sich nun verpuppen und ziehen dafür in ein anderes Korbgeflecht um. Bereits ein paar Tage später ist es dann soweit: Die Kokons sind fertig – doch bevor die Tiere schlüpfen, greift der Mensch ein. Es ist Zeit, die Seide zu ›ernten‹. Und dafür müssen die Tiere leider ihr Leben lassen: Die Kokons werden in heißes Wasser geworfen und der Seidenfaden, den die Tiere um sich gesponnen haben, wird mit einem Spinnrad auf eine Spindel aufgewickelt.

Einige Raupen produzieren weiße Fäden, andere ockerfarbene. Diese Fäden werden nun je nach Wunsch eingefärbt

5 | Seidenproduktion in Hua Hin

und danach im Webstuhl verarbeitet. Selbstverständlich kommen dazu heute auch Maschinen zum Einsatz, doch in der Ausstellung sehen Sie noch die Kunst des Webens an traditionellen Webstühlen.

Edle Mitbringsel

Natürlich möchte die hiesigen Schneider auch verkaufen, doch es besteht kein Zwang und die Ausstellung ist kostenlos. Vielleicht lassen Sie dennoch Ihren Blick über die Ware im angrenzenden Geschäft schweifen, es sind immer wieder sehr schöne Stücke dabei.

Wer sich ein Kleid oder einen Anzug schneidern lassen möchte, sollte nicht an der Qualität des Stoffes sparen. Suchen Sie sich ihren Schneider nicht nach dem Motto ›billig ist besser‹ aus, Qualität hat auch in Thailand ihren Preis. Doch liegt dieser weit unter dem, was Sie in Deutschland für ein maßgeschneidertes Kleidungsstück ausgeben müssten. Und Sie sollten etwas Zeit mitbringen: Nach der Anprobe wird das erste Muster genäht und meist folgen noch zwei bis drei weitere Anproben, bis das gute Stück richtig sitzt. Mike & Tailors haben insgesamt sechs Geschäfte in Hua Hin, so dass Sie – sollten sie sich für einen dieser Schneider entscheiden – nicht immer bis zum Village fahren müssen.

Rohseide mit ihrer typischen Färbung

Infos

Das **Raschnee Thai Silk Village** [7] befindet sich in der 18/1 Naebkeharst Road, Tel. 032 53 11 55. Vom Uhrturm sind es etwa 2 km zu Fuß. Sie können sich jedoch auch nach telefonischer Anfrage von einem kostenlosen Shuttleservice am Uhrturm abholen lassen.

Gediegen speisen mit Meerblick

Eine gehobene Küche bietet das ein paar Schritte vom Raschnee Thai Silk Village entfernt gelegene **Coco 51** [4] (Westende der Soi 51, Tel. 032 51 55 97, 10–23 Uhr). Man sitzt direkt am Strand und blickt auf die Skyline Hua Hins. Dazu gibt es abends täglich Live-Jazz. Nahebei und ebenfalls am Strand lockt das **The Duke's** [5], 3 Damrongrat Road, Hua Hin Soi 51, Tel. 032 51 57 87, 11–23 Uhr. www.theduke51.com. Das Restaurant bietet gehobenes Ambiente und neben europäischen Gerichten und leckerer Thaiküche auch Fisch und Meeresfrüchte. Gehobenes Preisniveau. Live-Musik.

Tipp

Wenn Sie sich für Seide interessieren, sollten Sie in Bangkok das **Jim Thompson House** (s. S. 30) besuchen. Die einstige Geschäfts- und Produktionsstätte des Seidenhändlers finden Sie in der 6 Kaseman Soi 2, Rama 1 Road, Tel. 022 16 73 68, www.jimthompsonhouse.com.

Die Golfküste

Nahe Khao Thakiap, Tel. 032 53 72 49. Indische, Thai- und europäische Küche, meisterhaft zubereitet. Der indische Chefkoch weiß vor allem mit seinem Lammcurry und den vegetarischen Speisen zu begeistern.

Kultur zum Dinner – **Sasi Dinner Theater** **2**: 83/159 Nhongkae Road, Reservierungen unter Tel. 032 51 24 88 oder im Reisebüro, www.sasi-restaurant.com. Die gehobene Küche dieses Restaurants und die Aufführungen von Tänzern und Schwertkämpfern sorgen dafür, dass der Gast hier einen perfekten Abend verbringen kann. Die Show beginnt um 19 Uhr, das Dinner kostet 750 Bt. Ein kostenloser Shuttle vom Uhrturm startet nach Anmeldung um 18.30 Uhr.

Seafood direkt am Hafen – In den älteren **Stelzenrestaurants** **3** am Hafen können Sie perfekt zubereiteten frischen Fisch genießen. Das Ambiente ist etwas heruntergekommen, die Preise dennoch hoch, doch das Gebotene ist das Geld meist wert.

Am Strand – Infos zu zwei weiteren Strandrestaurants, **Coco 51** **4** und **The Duke's** **5**, s. S. 53.

Einkaufen

Eine Straße wird zum Markt – **Nachtmarkt** **1**: Allabendlich verwandelt sich die Dechanuchit Road oberhalb der Petchkasem Road zu einer Flaniermeile. An zahlreichen Marktständen werden Souvenirs aus dem ganzen Land angeboten. Die Preise sind moderat und die Auswahl der Waren auf westliche und thailändische Geschmäcker abgestimmt (17 Uhr bis Mitternacht).

Sport und Aktivitäten

Kochkurse – **Bucha Bun Cooking Course** **1**: 22 Dechanuchit Road, Tel. 032 53 12 20, www.thai-cookingcourse.

com. Unter fachmännischer Leitung lernen die Kursteilnehmer (min. 4, max. 10 Pers.) hier die ersten Kunstgriffe der Thaiküche kennen. Gegen 9 Uhr wird gemeinsam eingekauft, dann geht es ans Vorbereiten und Kochen; mittags wird gemeinsam gegessen. 9–15 Uhr. Preis inkl. Transport innerhalb Hua Hins ca. 40 €, Kinder zahlen die Hälfte.

Wellenreiten – **KBA** **2**: 75/1 Soi Petchkasem, Tel. 08 15 91 45 93, www.kiteboardingasia.com. Wer kiteboarden lernen oder sich nur Equipment leihen möchte, findet hier fachmännische Beratung, gutes Material und fachkundige Lehrer. Gruppenkurse und Privatstunden möglich.

Strandritt – **Ponys** **3**: Am Strand vor dem ehemaligen Railway-Hotel am Ende der Damnoen Kasem Road stehen zahlreiche Ponys und warten auf Kunden. 30-minütiger Ritt ab 7 €.

Infos und Termine

Touristeninformation: Es gibt zwei Büros; gut ausgestattet und vielfach frequentiert ist dasjenige am Uhrturm, etwas kleiner das in der Damnoen Kasem/Ecke Petchkasem Road, Tel. 032 51 21 20 oder 53 24 33, Mo–Fr 8.30–20, So, Fei 9–17 Uhr.

Verkehr: Zwischen Bangkok, Hua Hin und dem tiefen Süden verkehren Tages- und Nachtzüge. Letztere sind wegen der nächtlichen Ankunftszeit problematisch. Busse kommen und fahren alle 40 Min. von und nach Bangkok (Southern Busterminal). Mit dem Taxi zahlt man 1400 Bt zum Flughafen. Nach Chumphon und zu den Inseln im Golf fährt Lomprayah (s. S. 59) morgens und abends.

Krönungstag: 5. Mai, s. S. 36

In der Umgebung

Nationalpark Khao Sam Roi Yot: **direkt 6** ▶ S. 55

6 | Spektakuläre Höhlen – im Nationalpark Khao Sam Roi Yot

Karte: ▶ D 3 | **Plan des Nationalparks:** S. 57

In diesem Nationalpark finden Sie Sümpfe, Karstfelsen, Strand und viele interessante Höhlen, in deren Inneren Stalagmiten und Stalaktiten zu bewundern sind. Besonders eindrucksvoll ist das Wahrzeichen der Region, ein kleiner Tempel im Inneren der Phraya Nakhon Cave, der anlässlich des Besuchs von Rama V. errichtet wurde.

Sam Roi Yot bedeutet »Berg mit 300 Gipfeln«; einige dieser Karstfelsen ragen über 600 m empor. Der im Jahr 1966 eröffnete Park war der erste Nationalpark des Landes, der auch Meeresgebiete schützt. Dennoch breiteten sich auch in den folgenden Jahren Shrimpsfarmen in den einstigen Mangrovenwäldern aus. Heute sieht man zum Glück einige Erfolge des Mangroven-Aufforstungsprogramms. Nahe des **Hauptquartiers** 1 können Sie auf einem etwa 250 m langen Steg um über eine **Mangroven-Sumpflandschaft** 2 wandern.

Ausblick auf das Naturwunder

Vom **Checkpoint** 3 Richtung Nord-Westen erreichen Sie nach nur 400 m auf der Straße den **Startpunkt** 4 zum Aufstieg auf den Khao Daeng. Mit gutem Schuhwerk ausgerüstet geht es etwa 30 Minuten bergauf. Der Lohn ist ein wunderschöner Ausblick aus 160 m Höhe auf Karstfelsen, Urwald und Meer. Um zu den weiteren Attraktionen zu kommen, fahren Sie zum Hauptquartier zurück, passieren in nordöstlicher Richtung den kleinen Strand **Hat Sam Phraya** 5 und gelangen zum Dorf **Ban Pu** 6. Hier beginnt der Fußweg zur Hauptattraktion des Parks.

Königliche Höhle

Die imposante, aus zwei Kammern bestehende **Phraya Nakhon Cave** 7 ist

55

Die Golfküste

Übrigens: Im Meer nahe des Parks (vor allem zu sehen am **Hat Phu Noi** `10`) leben Delphine. Dieser Tatsache verdankt die Bucht ihren Namen, Dolphin Bay. Bootsausflüge versprechen wunderbare Stunden. Oft schwimmen zahlreiche Delphine ganz nah an der Küste – sie sind dann sogar vom Strand aus zu beobachten. Was den Besucher in Freude ausbrechen lässt, versetzt die Fischer in Alarmbereitschaft: Denn wenn die Tiere sich so nah an die Küste wagen, deutet dies auf einen drohenden Sturm hin.

die wichtigste und meistbesuchte Höhle des Khao Sam Roi Yot. Erkundet wurde sie erstmals zu Zeiten Ramas I. (reg. 1772–79). Thailänder kommen hierher, um ihren König Rama V. (reg. 1868–1910) zu ehren. Dafür suchen sie den anlässlich des königlichen Besuches 1890 errichteten Pavillon auf. Der mit vier Giebeln ausgestattete Pavillon Phra Thinang Khua Kharuehat erstrahlt vor allem in den Vormittagsstunden zwischen 10.30 und 11.30 Uhr in magischem Licht, wenn durch die Öffnungen in der Höhlendecke das Sonnenlicht einfällt. Bewundert werden auch die königlichen Insignien an der nördlichen Wand.

Schon zuvor gab es einen wichtigen königlichen Besuch in der Höhle. Es heißt, Rama IV. sei hier gewesen: Man geht davon aus, dass der von Technik und Astronomie begeisterte König im August des Jahres 1868 seine Gäste, darunter viele aus westlichen Ländern, hierher einlud, um eine Sonnenfinsternis zu beobachten. Dieser Besuch kostete Rama IV. das Leben: Er infizierte sich mit Malaria und verstarb kurze Zeit später.

Vom Dorf Bang Pu kommend, dauert die Wanderung etwa 45–60 Minuten, vom Hat Laem Sala etwa 30 Minuten.

Eine Rast am Strand

Der von Karstfelsen umrahmte und von Kasuarinen beschattete Strand **Hat Laem Sala** `8` ist ein viel besuchtes Ausflugsziel für Tagesausflügler. Hat Laem Sala erreicht man auf einem etwa 25-minütigen Fußmarsch vom Dorf Bang Pu aus. Sie können auch ein Boot chartern. Tagestouren aus Hua Hin (ab 38 €) umfassen Transport, Verpflegung und Intritt in den Nationalpark.

Die Diamanten-Höhle

Vom Dorf Ban Pu aus erreichen Sie auf einem Pfad auch die beeindruckende **Phraya Kaeo Cave** `9`. Die Gesteine im Inneren glitzern wie tausende Diamanten. Der Weg durch die Höhle ist steinig und festes Schuhwerk absolut notwendig. Mit einem Führer können Sie dieses beeindruckende Naturwunder in etwa zwei Stunden erkunden. Die Führer haben Taschenlampen, doch empfiehlt es sich, eine eigene Taschen- oder Kopflampe mitzubringen.

Lohnt einen Abstecher

Nicht mehr zum Nationalpark gehört der sich an Hat Laem Sala anschließende wunderschöne Strand **Hat Phu Noi** `10`. Das Wasser an diesem etwa 5 km langen Sandrand ist sehr seicht und eignet sich daher perfekt für einen Aufenthalt mit Kindern. Nur selten gibt es hohe Wellen. Spannend ist für die Kleinen neben den Delphinen (s. o.) auch die vorgelagerte Insel Ko Lam. Hier leben zahlreiche wilde Affen, die sich über eine Fütterung mit Bananen sehr freuen.

Herrliche Tage können Sie im **Dolphin Bay Resort** `2` verbringen, ob im Reihenhaus oder in den Bungalows. Es gibt einen großen Pool mit Rutschen und einen schönen Spielplatz (Tel. 032 55 93 33, www.dolphinbayresort.com, ab 36 €).

6 | Khao Sam Roi Yot

Reisezeit
Vogelschwärme und -beobachter zieht es vor allem von November bis Januar in den Park. Ab April wird es sehr heiß, von August bis Ende Oktober gibt es viel Regen.

Eintritt und Transport
200 Bt/Tag; der Park ist ca. 60 km von Hua Hin entfernt und eine gut ausgebaute Straße führt hindurch. Die sehenswerten Ziele sind gut ausgeschildert.

Anfahrt ohne eigenes Fahrzeug:
Das orangefarbene Songthaew fährt von Hua Hin bis Pranburi für 20 Bt in 30 Min. Von hier kostet ein Taxi 300 Bt zum Park. Taxen ab Hua Hin mindestens 500 Bt. Wer ein Taxi für den ganzen Tag chartert, zahlt mindestens 1200 Bt.

Übernachten im Park
Es stehen einige **Bungalows des Nationalparks** 1 zur Verfügung. Diese muss man vorbuchen (im Reisebüro oder im Internet unter: ww.dnp.go.th). Die Bungalows sind für 6 Personen ausgelegt und kosten ab 30 €. Auch am Strand stehen Bungalows, die ab 40 € zu mieten sind. Alle Häuser sind gut ausgestattet und klimatisiert. Günstig kann man im Zelt übernachten (im Park 3 €/Pers.). Am Hat Sam Phraya können Sie ein eigenes Zelt mitbringen und zahlen nur etwa 1 €.

Verpflegung
An den Nationalparkbungalows (am Hauptquartier und am Hat Laem Sala) gibt es Restaurants, die von 7–19 Uhr geöffnet haben. Ansonsten sollte man Verpflegung mitnehmen. Achten Sie auf die recht dreisten Affen, die vor allem am Strand gerne die Speisen der Touristen stibitzen. Denken Sie zudem immer an genügend Wasser, vor allem wenn Sie auf eigene Faust im Park übernachten.

Khao Sam Roi Yot

Die Golfküste

Chumphon ▶ C 5

Die Stadt Chumphon ist touristisch nicht erschlossen. Wichtig ist sie als Tor in den Süden: Von hier geht es weiter am Golf entlang oder über den Isthmus von Kra (die schmalste Stelle Thailands) zur Andamanensee.

Attraktionen sind die Strände **Hat Thung Wua Laen** und **Hat Sai Ri**, die vor allem bei Einheimischen sehr beliebt sind. Am Wochenende wird es sehr voll. In der Woche haben die wenigen westlichen Reisenden den Strand für sich.

Als Ausflugsziele locken die Inseln des **Mu Ko Chumphon Nationalparks** und das nahegelegene Höhlensystem am Tempel **Thep Charoen** (Taschenlampe nicht vergessen). Ausflüge hierher organisieren Sie am besten mit dem Mietwagen oder schließen sich einer Reisegruppe an. Vor allem wenn es sich um eine thailändische Reisegruppe handelt, werden westliche Mitreisende einen ganz besonderen Einblick in die Lebensfreude der Thais gewinnen.

Übernachten

Zentral in der Stadt – **Nanaburi Hotel:** 355/9 Pracha U-Thit Road, Tel. 077 50 38 88, www.nanaburichumphon.com, ab 20 €, inkl. Frühstück. Das große, gepflegte Hotel liegt nahe des Bahnhofs und zentral in der Stadt und bietet geschmackvolle Zimmer. Parkplätze sind vorhanden.

Umweltfreundliche Anlage – **Cabana Resort & Diving Center:** Hat Thong Wua Laen, Tel. 077 56 02 45, www.cabana.co.th. Zi 36 €, Bungalow ab 44 €. Es gibt zwei rollstuhlgerechte Bungalows für je 55 €. Die große Anlage bemüht sich um einen nachhaltigen Tourismus (Komposthaufen, Biogemüse, Trinkwasseraufbereitung). Zum Baden lockt ein Pool, es gibt Kajaks und Fahrräder zur Ausleihe und eine Tauchschule, in der ein deutscher Lehrer unterrichtet.

Majestätisch schwebt der Riesenmanta durch die Küstengewässer vor Chumphon

Übernachten und Essen

Anlaufstelle aller Traveller – **Farang Bar Guesthouse:** 69/36 Tha Taphoa Road, Tel. 077 50 10 03, www.farang barchumphon.com. Hier stoppen nahezu alle Touristenbusse. Direkt daneben liegt das Lomprayah-Büro (Boote nach Ko Samui, Pha Ngan und Ko Tao. Die Zimmer sind ziemlich heruntergekommen, aber extrem günstig. Wer nicht lange bleiben möchte, kann hier gut die Wartezeit überbrücken, denn die Bar hat 24 Stunden geöffnet. Außerdem gibt es günstiges Travelleressen. Tickets für Busse, Boote und Bahn.

Frisches Olivenbrot – **Fame Tour Guesthouse:** 188/20–21 Saladang Road, Tel. 077 57 10 77. Das Restaurant im Erdgeschoss bietet leckeres frisch gebackenes Brot und Pizza. Die Zimmer sind sehr einfach. Gutes Reisebüro.

Vietnamesisches und mehr – **Green Kitchen:** Pracha U-Thit Road, gute vietnamesische Küche; in dem klimatisierten Raum werden auch thailändische und westliche Gerichte serviert. Gehobenes Preisniveau.

Verkehr

Bus und Bahn: Von Chumphon geht es weiter in den Süden oder nach Bangkok mit Bus und Bahn. Die Busse werden von privaten Firmen betrieben und haben diverse Abfahrtstellen (das Reisebüro bringt Sie in der Regel zur Haltestelle).

Busse fahren zudem mehrmals tgl. nach Khao Lak. Minibusse verkehren bis nach Phuket und Krabi.

Boote: Die Gesellschaften Lomprayah und Seatran fahren nach Ko Tao, Ko Pha Ngan und Ko Samui (7, 13 Uhr, 1–4 Std.)

Surat Thani ▶ C 7

Die kleine Provinzstadt ist keinen Ausflug wert und doch ist sie fast allen Rei-

> Meiden Sie unbedingt Fahrten mit den altersschwachen Expressbooten der Gesellschaft **Songserm**. Es ist wohl nur eine Frage der Zeit, wann eines dieser Boote kentert.

senden im Süden Thailands ein Begriff, denn am nahegelegenen Bahnhof halten die Züge aus und nach Bangkok und von hier geht es weiter auf die Inseln Ko Samui und Pha Ngan. Ansonsten bleibt kaum jemand mehr als eine Nacht. Interessant ist allenfalls der abendliche Markt.

Übernachten

Bestes Haus der Stadt – **100 Islands Resort:** 19/6 Moo 3 Bypass Road, Tel. 077 20 15 08, www.roikoh.com. 18–28 € inkl. Frühstück. Das kleine Boutique-Resort bietet schöne Zimmer, einen Pool und ein Spa.

Verkehr

Zug und Bus: Züge fahren mehrmals am Tag von und nach Bangkok. Auch der nahegelegene Flughafen ist gut an die Hauptstadt angebunden. Autofähren nach Ko Pha Gan und Ko Samui fahren von Don Sak (etwa 2 Std. entfernt). Mit dem Bus brauchen Sie von Surat Thani nur noch 2 Std. zum Khao Sok National Park bzw. etwa 4 Std. bis nach Phuket.

Da Surat Thani nur ein Umsteigeort ist, versuchen alle Bewohner, etwas vom großen Kuchen ›Tourismus‹ abzubekommen. So werden etwa Tickets zu überhöhten Preisen angeboten und viele ›Auskünfte‹ sind reine Erfindungen. Nur ganz ausgefuchste Traveller bekommen die richtigen Preise genannt. Gut beraten ist, wer hier nur durchreist und dank eines Joint Tickets seine Fahrkarte bereits hat.

Die Inseln im Golf – Ko Tao, Ko Pha Ngan und Ko Samui

Etwa 20 km von der Küste entfernt liegt die größte Insel des Archipels: **Ko Samui**. Diese seit den 1980er-Jahren konsequent für den Tourismus erschlossene Insel ist etwa 14 km breit und 29 km lang und bietet zahlreiche traumhafte Sandstrände. Es gibt kurzweilige Unterhaltungsangebote, viele Möglichkeiten einzukaufen und einige gute Restaurants. Auch die Auswahl guter Resorts ist groß.

Etwas weniger komfortabel und auf westliche Pauschalurlauber ausgerichtet ist die nördliche Schwesterinsel **Ko Pha Ngan**, beliebt vor allem bei jungen Leuten, denn hier wird viel gefeiert. Wer tauchen lernen möchte, fährt auf das Eiland **Ko Tao**: Die Riffe liegen direkt vor dem Strand und es gibt unzählige Tauchschulen, was die Preise niedrig hält.

Ang Thong Marine National Park ▶ D 6

Nordwestlich von Ko Samui befindet sich dieser 42 Inseln umfassende Archipel. Die Inseln sind aus Kalkstein, von Höhlen durchzogen und teilweise recht bizarr geformt. Hellgelbe, meist unbesuchte Sandstrände leuchten in der Sonne. Die Natur ist hier seit 1980 geschützt und daher überwiegend noch intakt. Ausflüge mit dem Kanu an die unberührten Strände oder ein Schnorchel- und Tauchausflug zum Bestaunen der Unterwasserwelt begeistern die Besucher, die zumeist im Rahmen einer Tagestour anreisen.

Bekannt ist die kleine Insel **Ko Mae**, in deren Inneren ein grün schimmernder Salzwassersee, der Thale Noi (auch Emerald Lake), besucht werden kann. Der See ist unterirdisch mit dem Meer verbunden, ein schmaler Pfad führt Besucher ins Innere der Insel. Vom Aussichtspunkt eröffnet sich ihnen die Weite und Schönheit des Nationalparks und bei gutem Wetter sehen Sie die Inseln Ko Samui und Ko Pha Ngan. Schwimmen ist im See nicht erlaubt. In der Hauptsaison ist es hier sehr voll, was das Naturerlebnis trübt.

Auf der Insel können Sie den Berg **Utthayan** besteigen. Wenn Sie nicht im Rahmen eines Tagesausflugs kommen und etwas mehr Zeit haben, können Sie hier in einem Parkbungalow übernachten (buchbar im Reisebüro, ca. 20 €). Mit dem Paddelboot lässt sich die Insel **Ko Tai Plao** mit ihren kleinen Grotten und Höhlen erkunden.

Sport und Aktivitäten

Touren in den Nationalpark – **Phangan Cruise:** Veranstaltet Ausflüge von 7.30–16.30 Uhr, ab 38 €, inkl. Schnorchelausrüstung, Mittagessen, Nationalparkgebühr. **Lomprayah:** Fährt Mo, Mi, Fr, 9–16 Uhr für 40 €. Fast alles inklusive, auch Kajak- und Schnorchelausrüstung. **Blue Stars:** Hat Chaweng, Ko Samui, Tel. 077 41 32 31, www.bluestars.info. Organisiert geführte Kajaktouren nach Ko Wao und Ko Ta Plao

Ko Tao

Longtail vor Ko Nang Yuan, einer kleinen Inselgruppe vor der nordwestlichen Küste Ko Taos

(keine Touren, wenn der Park geschlossen ist). Ab 50 €.

Infos

Reisezeit: Die beste Zeit für einen Besuch auf den Inseln sind die Monate Juli bis Oktober. Dank der Zwischenregenzeit ist es angenehm war, nicht zu heiß. Im November regnet es oft durchgehend. Erst Ende Dezember lässt sich die Sonne wieder blicken, doch es regnet noch immer viel. Dennoch beginnt nun die Hauptsaison, die bis in März hinein reicht (23–32° C). Dann wird es sehr heiß (40° C). Um Neumond ist die Flut hoch und Sie können an den meisten Stränden schwimmen. Bei Vollmond sind Strand und Meer tagsüber meist weniger einladend. Oft ist das Meer zu flach zum Baden und man muss weit hinauslaufen. Von Anfang November bis Mitte Dezember ist der Ang Thong Marine National Park geschlossen.

Verkehr: Nach Ko Samui und Pha Ngan gelangen Sie ab Bangkok am bequemsten mit dem Nachtzug. Morgens in Surat Thani umsteigen. Angeboten werden Kombitickets. Wer diese Variante wählt, braucht sich nicht um Anschlussbus und Boot kümmern. Nach Ko Tao am besten mit Lomprayah über Chumphon. Wählen Sie auf jeden Fall Boote von Raja Ferry, Seatran oder Lomprayah (ab Chumphon). Die Boote von Songserm sind altersschwach und es ist nur eine Frage der Zeit, dass sie kentern.

Ko Tao ▶ D 6

Die ›Schildkröteninsel‹ Ko Tao (so benannt, weil sie von Ko Pha Ngan aus gesehen die Form eines auf dem Wasser schwimmenden Panzertieres hat) ist *das* Taucherparadies im Golf von Thailand, **direkt 7|** S. 62. Nirgendwo sonst gibt es bessere Bedingungen und mehr Tauchschulen an einem Ort. Die starke Konkurrenz der Anbieter untereinander sorgt für günstige Preise bei hoher Qualität. Auch wer das Tauchen lernen will, ist hier sehr gut ▷ S. 65

61

7 | Tauchgebiete – Ko Taos Unterwasserwelt

Karte: ▶ D 6 und S. 64

Walhaie, Seepferdchen, Meeresschildkröten und Clownfische: Tauchen Sie ab in eine Welt voller Wunder! Zwischen Kugelfischen und Zackenbarschen schwerelos schweben, das ist für Viele das Größte überhaupt. Als Anfänger sind Sie auf Ko Tao in den besten Händen; einige flache Buchten sind optimal für die ersten Unterwassererlebnisse geeignet. Auch erfahrene Taucher sind stets aufs Neue begeistert von der immensen Artenvielfalt rund um die Schildkröteninsel.

Wenn Sie mit dem Tauchen beginnen, werden Sie ihre ersten Erfahrungen wahrscheinlich an der **Ao Leuk** 1 machen, einer Bucht mit glasklarem Wasser, die durchschnittlich etwa 6–8 Meter tief ist. Der sandige Grund wird aufgelockert durch Geweih- und Pilzkorallen, zwischen denen Seegurken dösen. An einigen Felsbrocken haben sich Schwämme angesiedelt. Papageienfische und junge Snapper leben hier und weiter draußen ziehen Barrakudas und Wimpelfische ihre Bahn.

Ein anderer beliebter Tauchspot mit ähnlichen Tiefen sind die **Japanischen Gärten vor Ko Nang Yuan** 2. Zwischen den Korallen können Sie den lustigen Kugelfischen beim Aufplustern zuschauen und Blaupunktrochen durchs Wasser gleiten sehen. Zwischen den Korallen leben bunte Schnecken, und hin und wieder kann eine vorbeiziehende Schildkröte gesichtet werden. In der sich anschließenden **Northwest Bay** 3 leben in 6–12 Metern Tiefe Fassschwämme, Seeanemonen, Schmetterlings- und Tintenfische.

Neue Welten
Wenn Sie mit dem Tauchgerät vertraut sind, erwarten Sie in größeren Tiefen weitere faszinierende Biotope. **Shark**

7 | Ko Taos Unterwasserwelt

Übrigens: Das Ökosystem unter Wasser ist höchst fragil und empfindlich. Korallen nehmen schon bei der kleinsten Berührung Schaden. Es gilt daher unbedingt: Nur schauen, nichts anfassen!

Island 4, die ›Haifischinsel‹, hat ihren Namen von den Riffhaien, die dort in 15–28 Metern Tiefe beobachtet werden können. Schnorchler können Glück haben und einen zu Gesicht bekommen, denn oft jagen die kleinen Haie auch im flachen Bereich (2–4 Meter) im Nordosten von Shark Island.

Die beiden Ko Nang Yuan vorgelagerten Tauchplätze **White Rock** 5 und **Green Rock** 6 sind mit Tiefen bis 22 bzw. 25 Metern für Anfänger und Fortgeschrittene gleichermaßen interessant, besonders der Green Rock lockt mit Höhlen, Spalten und Überhängen. Dort fühlt sich auch eine Population Drückerfische wohl. Diese gefährlich aussehenden Burschen können recht aggressiv werden, wenn man in ihre Reviere eindringt: Sie haben schon manch einem Taucher ein Loch in den Anzug gebissen. Daher sind diese Gebiete besonders für Nachttauchgänge geeignet – dann schlafen die Drückerfische, und Kraken und andere Nachtaktive kommen aus ihren Verstecken. Ein Tauchgang im Licht der Taschenlampen ist etwas ganz besonderes – das sollten Sie nicht verpassen!

Berge unter Wasser

Für viele das größte Tauch-Highlight im Golf von Thailand ist der **Chumphon Pinnacle** 7 etwa 10 km nordwestlich von Ko Tao. Über Wasser ist nichts zu sehen – die Boote machen scheinbar irgendwo im Nirgendwo an Bojen fest. 16 Meter unter der Wasseroberfläche geht es dann los: Vier miteinander verbundene Unterwasser-Hügel, die aus dem sandigen Grund in 34 Metern Tiefe emporragen, sind eine kleine Welt für sich. Thunfische, Makrelen, Barrakudas sind in großen Schwärmen unterwegs und lassen sich bei Sichtweiten bis zu 30 Metern gut beobachten. Graue Riffhaie huschen durch die Tiefe, und von März bis Juni kommen Walhaie zu Besuch.

Ähnlich spannend ist es am **Southwest Pinnacle** 8 7 km südwestlich von Ko Tao, wo riesige Fächerkorallen unzähligen bunten Riffbewohnern Heimat geben. Wegen teilweise starker Strömungen sollten Sie diese beiden Plätze aber nur besuchen, wenn Sie bereits einige Taucherfahrung haben.

Sicheres Tauchen

Beim Tauchen sollten Sie nie vergessen, dass Sie sich in einem anderen Element bewegen, und sich **immer und unbedingt an die Vorschriften halten**, die Sie beim Tauchkurs lernen oder gelernt haben.

Für einen **Tauchkurs** empfiehlt es sich, einen deutschen Lehrer suchen, auch wenn Sie glauben, relativ gut Englisch zu können. Außerdem sollte eine Tauchgruppe inklusive Tauchguide nicht mehr als fünf Personen umfassen. Zwischen zwei Tauchgängen es angeraten, eine mindestens einstündige Pause zu machen. Auch sollte auf dem Boot ausreichend Sauerstoff für den Notfall vorhanden sein; und selbstverständlich muss ein Tauchguide in der Lage sein, Erste Hilfe zu leisten.

Die Inseln im Golf

Am Sail Rock

Zwischen Ko Tao und Ko Pha Ngan liegt der **Sail Rock** 9 genannte Felsen, der etwa 15 Meter weit aus dem Wasser schaut und unter der Oberfläche etwa 40 Meter lotrecht abfällt. Auch er wird von großen Fischschwärmen und dann und wann von riesigen, aber völlig ungefährlichen Walhaien besucht – ein faszinierender Tauchplatz, sowohl für Anfänger als auch für Fortgeschrittene.

In 18 Metern Tiefe liegt der Eingang in einen senkrechten Kamin, durch den nach oben getaucht werden kann. Ein recht enger Ausgang liegt bei zehn Metern, ein größerer bei fünf Metern Tiefe. Viele Anfänger scheuen sich allerdings, in dieser Höhle zu tauchen – verständlicherweise: Vor allem das Heraustauchen erfordert einige Übung und wer leicht klaustrophobisch veranlagt ist, sollte auf diesen besonderen Spaß verzichten.

Tauchschulen

Fast 50 Tauchschulen wetteifern auf Ko Tao um die Gunst (und die Devisen) der Unterwasserfreunde. Im Preis gibt es kaum Unterschiede: Ein Anfängerkurs kostet um die 200 €, ein einzelner Tauchgang etwa 20 €. Sogenannte 5-Star-Center bilden aus bis zur Stufe des »Instruktors«, also Tauchlehrers. Seit Jahren renommiert sind folgende Anbieter: Ein umfassendes Angebot hat **Ban's Diving** 1. Neben Kursen für Anfänger und Fortgeschrittene gibt es auch Spezialkurse wie Nitrox-Tauchen und längere Tauchsafaris. Deutsche Instruktoren erleichtern die Kommunikation. Eigenes Resort (Hat Sai Ri, Tel. 077 45 60 61, www.bansdiving.de). Seit Jahren bewährt hat sich das **Crystal Dive Center** 2. Hat noch eine zweite Niederlassung am Nordende des Hat Sai Ri (Mae Hat, Tel. 077 45 61 07, www.crystaldive.com). Überwiegend deutschsprachige Gäste hat das **Divepoint Ko Tao** 3, eine Tauchschule, die von dem Österreicher Walter Nemetzek geleitet wird (Mae Hat, Tel. 077 45 62 31, www.divepoint-kohtao.com). Unter lokaler Leitung befindet sich die etablierte Tauchschule **Black Tip Diving** 4; hier engagiert man sich vor allem in Umweltfragen – tolles Resort (Ao Tanote,

Tel. 077 45 64 88, www.blacktipdiving.com).
Ban's Diving Resort 1 bietet zudem viele unterschiedliche Übernachtungsmöglichkeiten, vom einfachen Ventilator-Zimmer mit Blick auf den Pool bis zur luxuriösen Suite mit grandiosem Blick über den Hat Sai Ri (5–100 €, Tel. 077 45 64 68).

aufgehoben. Zudem ist die Insel sehr hübsch: bergig, bewaldet und geprägt von skurril verwitterten Granitformationen – kein Wunder, dass Jahr für Jahr mehr Gäste kommen.

Riffe, Strände, Buchten

Rings um Ko Tao liegen mehr als ein Dutzend Tauch- und Schorchelspots. Einige Riffe sind direkt vom Strand aus erreichbar. Dort ist Schwimmen weniger empfehlenswert; die scharfkantigen Korallen hinterlassen schlecht heilende Schnittwunden.

Der beliebteste Strand ist der zwei Kilometer lange **Hat Sai Ri** `10`, ein traumhafter weißer Sandstrand. Hier finden sich zahlreiche Unterkünfte, Strandbars, Discos, Reisebüros, Tauchschulen etc. Das ganze Jahr über ist viel los und in den Spitzenmonaten Dezember/Januar und August/September kaum ein freies Plätzchen zu finden. Das Publikum ist überwiegend jung und benimmt sich auch so: Party rund um die Uhr.

Im kleinen Dorf **Ban Mae Hat** `11` südlich von Hat Sai Ri gibt es neben Geschäften, Banken und ärztlicher Versorgung inzwischen recht gute internationale Restaurants. In allen Buchten rund um die Insel haben sich Anlagen angesiedelt – eine große Zahl etwa in der gut erreichbaren **Ao Chalok Ban Kao** `12` im Süden der Insel. Die abgelegeneren Buchten im Norden und Westen wie die wunderschöne **Ao Mamuang (Mango Bay)** `13` versprechen Ruhe und Entspannung inmitten eines tropischen Paradieses.

Einzigartig ist das vorgelagerte Insel-Trio **Ko Nang Yuan** `14`, das bei Niedrigwasser über eine blendend weiße Sandbrücke verbunden ist. Die postkartenreife Inselidylle ist in Privatbesitz und tagsüber Ziel unzähliger Ausflugsboote.

Übernachten

Besonders in der Hauptsaison vermieten viele Anlagen ihre Zimmer nur an Taucher, die bei den angeschlossenen Tauchanbietern gebucht haben.

Beliebtes Tauchresort – **Ban's Diving Resort** `1`: Vermietet auch an Nicht-Taucher (die dann allerdings etwas mehr zahlen), s. S. 64.

Einfach und abgeschieden – **Freedom Beach Bungalows** `2`: Freedom Beach, Tel. 077 45 65 96, 8–25 €. Einfache Hütten mit Ventilator schmiegen sich an einen Hang und geben den Blick frei auf eine kleine Bucht mit glasklarem Wasser. Über einen 10-minütigen Fußweg ist die benachbarte Bucht Ao Chalok Ban Kao mit Supermarkt, Bank und Restaurants erreichbar.

Ruhe auf der Privatinsel – **Nang Yuan Dive Resort** `3`: Ko Nang Yuan, Tel. 077 45 60 88, 30–250 €. Wer das Besondere sucht, kann sich auf die Privatinsel Nang Yuan zurückziehen. Tagsüber ankern Ausflugsboote vor der Küste, doch abends wird es wunderbar ruhig. Verschiedene Preisklassen von einfachen Ventilator-Bungalows bis zur luxuriösen Suite mit fantastischer Aussicht.

Tolles Ambiente – **Ko Tao Cabana** `4`: Hat Sai Ri, Tel. 077 45 65 04, www.kohta ocabana.com, 70–320 €. Die Bungalows und Villen gefallen durch außergewöhnliche, individuelle Gestaltung: Runde Wände, raffinierte Bäder im Außenbereich, Integration der Felsen in den Innenbereich – verspielte und doch sehr wohnliche Architektur. Top-Ausstattung, Kinderspielplatz, direkter Strandzugang.

Ko Pha Ngan ▶ D 6 und Karte 4

In den 1980er-Jahren entdeckten die ersten Traveller diese kleine Insel. Noch heute zieht es vor allem junge Leute ohne große Ansprüche an Komfort hier-

Die Inseln im Golf

> Wer **die besten Schnorchelreviere** sucht, findet neben der Ao Mae Hut (Ko Ma) auch am nahegelegenen Hat Khom, am Hat Salad, Hat Yao und am Hat Chao Pao sehr gute Plätze. Bitte treten Sie niemals auf Korallen!

her. Der Großteil des Eilands (etwa 80%) ist als Nationalpark geschützter Urwald.

Die schönsten Strände

Der bekannteste Strand Ko Pha Ngans ist **Hat Rin** ganz im Süden. Weltbekannt ist vor allem die weit geschwungene schöne Bucht auf der Ostseite, denn hier findet allmonatlich der größte Rave Südostasiens statt, die Vollmondparty. Das Hinterland des Strandes ist mit Geschäften, Fastfoodläden, Hotels und Bungalowanlagen regelrecht vollgestopft.

Sehr Beliebt bei Schnorchlern ist die Bucht **Ao Mae Hat**, vor der ein schönes Korallenriff erkundet werden kann. Mit einer Sandbank verbunden liegt direkt daneben die kleine Insel **Ko Ma**, die bei Niedrigwasser zu Fuß zu erreichen ist. Beliebt bei jungen Leuten, die abends gerne mal eine Bar aufsuchen, sind die Strände **Hat Salad** und **Hat Yao**. Beide sind recht groß und bieten eine Vielzahl verschiedener Unterkünfte. Etwas abgelegen und am einfachsten mit dem Speedboot von Samui aus zu erreichen ist die Doppelbucht **Thong Nai Pan**. Der Strand ist weit geschwungen und der Sand strahlt goldgelb.

Übernachten

Schön wohnen für wenig Geld – **Sunset Cove Sea & Forest Boutique Resort:** Hat Chao Pao, Tel. 077 34 92 11, www.thaisunsetcove.com, 30–90 €. Schöne Anlage mit großem Pool und Bungalows mit Meerblick bzw. in Reihen dahinter.

Mit Blick auf die Bucht – **High Life Haad Yao:** Hat Yao, Tel. 077 34 91 14, 14–50 €. Auf den Fels hoch am Hang gebaute Bungalows, diverse Standards: Günstig mit Ventilator, teurer mit Klimaanlage und Fernseher. Von der Kante des Pools und aus dem Restau-

Fischerboote am Strand von Ko Pha Ngan

Ko Pha Ngan

rant blicken Sie auf die Bucht (nicht für Familien mit Kleinkindern geeignet).

Direkt am Korallenriff – **Wangsai Resort:** Ao Mae Hat, Tel. 077 37 42 38, 15–55 €. Vier schöne Bungalows aus Stein direkt am Strand, zudem moderne, geräumige Holzbungalows im Hang integriert. Günstiger sind die gut ausgestatteten Holz- und Steinbungalows im Hinterland.

Einfach und einzigartig – **Longtail Beach Resort:** Thong Nai Pan Yai, Tel. 077 44 50 18, 10–20 €. Ganz im Süden der Bucht liegt diese nette Anlage mit günstigen Holzbungalows (Ventilator). Tolles Restaurant am Meer und freundliches Management.

Essen und Trinken

Vom Burger bis zum Thaicurry – **A's Coffee Shop:** Thong Sala, Tel. 077 37 72 26. Mo–Sa 10–21 Uhr. Zentral gelegenes Restaurant in der Hauptstadt der Insel mit Thai- und westlicher Küche. Sauber, schneller Service, gehobenes Preisniveau. Es gibt Wein und typisches deutsches Essen (Strammer Max und Currywurst).

Traditionelle Thaiküche – **Nachtmarkt:** Thong Sala, tgl. ca. 16.30–19 Uhr. Viele Stände bieten eine breite Auswahl typischer günstiger Gerichte: Fisch, Currys, Som Tum, Milchshakes und Gebratenes von Huhn, Schwein und Rind.

Pizza vom Feinsten – **Besco Night Light:** Ban Chaloklum. Italiener und andere Pizzafans stürmen dieses unscheinbare Restaurant – vor allem, wenn Gianni zum ›Pizzatag‹ ruft (So, Do). Dann gibt es ab 18 Uhr nur frische Pizza (für 5 €) und kein Stuhl auf der Terrasse bleibt leer.

Sport und Aktivitäten

Tauchen mit Profis – **Chaloklum Diving:** Ban Chaloklum, Tel. 077 37 40 25, www.chaloklum-diving.com. Seit

An den meisten Stränden gibt es **Kanus zur Ausleihe**, mit denen man am Strand entlang paddeln kann; etwa 3 € pro Stunde; einige Anlagen stellen sie ihren Gästen kostenlos zur Verfügung.

über 20 Jahren ist ein Deutscher Teilhaber dieser empfehlenswerten Tauchschule. Wer hier Tauchen lernt, kommt meist wieder. Die Gruppen sind klein und werden verantwortlich geleitet. Ein schönes umgebautes Fischerboot dient als Tauchboot.

Schweigen und Entspannen – **Ko Pha Ngan** bietet neben vielfältigen Wellneesangeboten auch diverse Möglichkeiten, Meditatinstechniken zu erlernen, **direkt 8|** ▶ S. 68.

Verkehr

Zug und Autofähre: Nachtzüge verbinden Bangkok und Surat Thani. Von hier fahren Boote weiter auf die Insel. Meiden Sie die Gesellschaft Songserm und buchen stattdessen die Autofähren ab Don Sak. Kombiticket etwa 20 €. Von Phetchaburi mit dem Tageszug nach Hua Hin bzw. Chumphon, dort weiter mit Bus und Fähre.

Bus und Fähre: Mit den Bussen und den guten Booten der Gesellschaften Lomprayah (www.lomprayah.com) und Seatran (www.seatrandiscovery.com) wird die Verbindung zwischen Bangkok, Hua Hin und Chumphon zur Insel bedient. Ab 20 €.

Flugzeug: Der nächste Flughafen liegt auf Ko Samui; tgl. Flüge nach und von Bangkok, Krabi und Phuket mit Bangkok Airways, www.bangkokair.com.

Speedboot: Von Samui mit Lomprayah oder Seatran nach Thong Sala bzw. in der Saison ab Ban Mae Nam mit dem Speedboot um 12.30 Uhr direkt an den Thong Nai Pan. ▷ S. 71

8 | Wellness am Strand – Yoga und Massage auf Ko Pha Ngan

Karte: ▶ D 6 | **Detailkarte:** S. 70

Ko Pha Ngan gilt dank der Vollmondparty als Partyinsel schlechthin. Seit Jahren im Aufwind ist der ausgleichende Trend zu Ruhe und Entspannung. Lernen Sie Schweigen im Wat Khao Tham, üben Sie Yoga in einem Retreat oder lassen Sie sich einfach mit einer Massage verwöhnen.

Ko Pha Ngan hat, gemessen an der Größe der Insel, eine besonders hohe Dichte an Angeboten für alle, die sich mit ihrem Körper und Geist beschäftigen möchten.

Meditiert wird in vielen Retreats, doch besonders bekannt ist das **Wat Khao Tham** 1 (www.watkowtahm.org) oberhalb des Dörfchens Ban Tai. Seit Ende der 1980er-Jahre lehrt das australisch-amerikanische Ehepaar Weissman in diesem hoch über dem Meer gelegenen Kloster. Jerden Monat finden 10-tägige Kurse in Vipassana-Meditation statt. Während der Retreats wird weder geredet noch gelesen. Die Mahlzeiten sind spartanisch und die Unterkünfte einfach. Wer sich auf das Leben unter diesen Bedingungen einlässt, lernt sich und Thailand von einer ganz anderen Seite kennen. Die Kurse kosten etwa 100 € (Anmeldung erforderlich).

Yoga- und Reiki

Besonders beliebt bei jungen Leuten sind Yogakurse. Morgens und abends wird geübt und zwischendurch am Strand oder am Pool gefaulenzt. Besonders das **Agama Yoga** 2 (16/3 Moo Hin Kong, Tel. 08 13 97 62 80, www.agamayoga.com; Übernachtung 12–35 €; kostenlose Probestunde, Yogakurse ab 6 € am Tag) hat in den letzten Jahren an Popularität gewonnen. Unter Leitung des indischen Gurus Swami Vivekanada wird Hatha-, Raja- und Tantra-Yoga gelehrt. Die Vermittlung von Kenntnissen

8 | Wellness in Ko Pha Ngan

über ayurvedische Heilmethoden, diätetisches Kochen und die Lenkung sexueller Energie gehören ebenfalls zum Lernstoff. Das Retreat hat sein Büro und ein Restaurant an der Straße von Hin Kong; weitere Außenstellen gibt es u. a. am Hat Laem Niad und nahe Ban Sri Thanu im Hinterland. Es stehen Bungalows mit Fernseher, Klimaanlage und Kühlschrank sowie einfache Zimmer ohne Extras im Reihenhaus zur Verfügung; zudem gibt es eine Kräutersauna und einen kleinen Pool.

Seit Jahren bekannt ist auch das **Monte Vista Retreat Center** 3, Ao Nai Wok, Tel. 077 23 89 51, www.montevistathailand.com. Das Retreat unter deutsch-amerikanischer Leitung liegt auf dem Hügel oberhalb des Strandes und allein der Blick lohnt einen Besuch. Hier können Sie Ihren Körper mit ayurvedischen Fastenkuren ›reinigen‹ (auch Gewichtsreduzierung) oder das alternativmedizinische Behandlungsverfahren Reiki erlernen. Täglich wird Yoga praktiziert und meditiert. Zahlreiche Massage-Varianten verwöhnen Ihren ganzen Körper oder wahlweise auch nur Kopf und Fuß. Gesichtsreinigungen runden das Programm ab. Inklusive Übernachtung in geschmackvollen, einfachen Bungalows mit toller Aussicht auf das Meer und drei gesunden, frisch zubereiteten Mahlzeiten kosten drei Tage ab 175 €.

Einsamer und allein auf Meditation und Meer beschränkt, lernen Sie am Hat Thien im **The Sanctuary** 4 (Tel. 08 12 71 36 14, www.thesanctuarythailand.com und www.pranayogacollege.com. Dieses beliebte Wellness-Resort existiert seit 1992. Es gibt Yoga- und Meditationskurse, Massagen und ein Entgiftungsprogramm. Das Restaurant lockt mit Seafood und leckeren vegetarischen Gerichten. Die Übernachtungsangebote umfassen ein breites Spektrum, von einfach und günstig im Schlafsaal bis hin zu Luxus im traditionellen Holzhaus (4,50–38 €, Yogakurse 6 €/Tag).

Einige Strände abseits der Touristenströme laden ein, das Erlernte zu vertiefen und direkt am Meer ungestört zu üben. Dazu zählt vor allem **Hat Khuat (Bottle Beach)** 5, wo man sehr abgeschieden lebt. Auch **Ao Hin Lor** 6, nahe Hat Rin, ist eine Oase der Ruhe.

Massagen

Auch wenn Sie sich nur verwöhnen lassen möchten, finden Sie auf Pha Ngan ein breites Angebot. An jedem Strand werden Massagen angeboten, mal in extra eingerichteten Spas (kleines Häuschen mit Separees für jeden Gast), mal unter dem Schatten einer einfachen Sala (hier liegen alle Gäste in Reihe nebeneinander). Das Ambiente ist besonders schön – direkt am Meer. Angeboten werden einstündige Gesichts-, Fuß- und Ganzkörpermassagen, mit und ohne Öl (ab 6 €). Etwas gediegener sind Massagesalons wie das **Pha Ngan Paragon** 7 (Hat Chao Pao, Tel. 08 47 28 60 64, www.phanganparagon.com, ab 8 €). Der Schwerpunkt liegt hier auf der Ganzkörper-Entspannung; es gibt eine Sauna, Whirlpools und ein Schwimmbecken.

Übrigens: Jeder, der ein Retreat aufsucht, muss sich im Vorfeld darüber im Klaren sein, dass eine Konfrontation mit dem eigenen Ich und seinen Schwächen und Ängsten Bestandteil der meisten Kurse ist. Ziel ist nicht ein pampering (also das Verhätscheln und reines Wohlfühlen, wie bei den Spa-Angeboten), sondern es geht immer auch um Weiterentwicklung und Selbsterkenntnis.

Die Inseln im Golf

Übernachtung
Die **Smile Bungalows** 1 stehen im Hang unter schattigen Bäumen. Panoramafenster, schöne Bäder (Hat Khuat (Bottle Beach), Tel. 08 19 56 31 33, E-Mail: smilebeach@hotmail.com, ab 8 €). Einsamkeit nahe dem Zentrum findet man im **Harmony Beach Resort** 2. Ruheliebende und Liebespaare zieht es in diese idyllische Privatbucht. Schöne Bungalows im Hang und am Strand, Klimaanlage oder Ventilator, einige Zimmer mit TV. Das Restaurant liegt direkt im Fels (Ao Hin Lor, Tel. 08 68 85 46 46, www.harmonybeachthailand.com, DZ 14–45 €). Im **Santhiya Resort** 3 leben Sie wie König und Königin mit allem Komfort und einem wunderschönen Ausblick auf die Bucht. Anwendungen im Aryurvana-Spa ab 30 € (Thong Nai Pan Noi, Tel. 077 23 83 33, www.santhiya.com, ab 200 €).

Verkehr
Vom Hafen in Thong Sala erreicht man die Retreats im Westen (Monte Vista Retreat Center, Agama Yoga, Phangan Paragon) und die Anlagen Richtung Süden (Wat Khao Tham, Ao Hin Lor) mit dem Songthaew für 1–2 €/Pers. Zum Hat Khuat fahren Longtailboote von Ban Chaloklum (Songthaew 3,5 € und Boot 3 €). Zum Thong Nai Pan ab Samui mit dem Schnellboot, ab Thong Sala (Hafen) mit dem Songthaew (3,5 €) oder mit dem Longtail über Hat Rin oder Hat Khuat (ab 5 €). Zum Hat Thien fahren Longtails ab Hat Rin für 3 €.

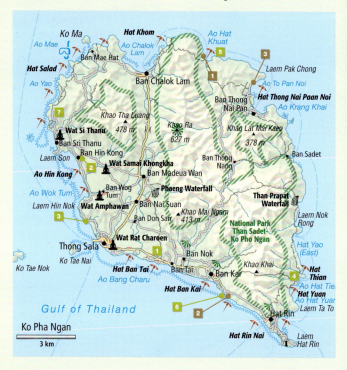

Nahverkehr: Mit dem Songthaew gelangt man an fast alle Strände (1–3,5 €), abends wird es teurer. Die Wagen warten am Pier. Private Charter werden von den Anlagebetreibern organisiert.

Ko Samui ▶ D 7 und Karte 3

In den 1970er-Jahren kamen die ersten Traveller mit dem Fischerboot hierher. Schnell sprach sich die Schönheit der Strände herum und bereits wenig später gehörte Samui – vor allem **Hat Chaweng** (| **direkt 9**| ▶ S. 72) zum festen Bestandteil der Tourismusindustrie. Pauschaltouristen kommen ebenso, wie Individualreisende – mal mit dem Flugzeug, mal mit modernen Schnellbooten. Zu günstigen Preisen bieten die Resorts und Hotels sowohl einfache als auch luxuriöse Unterkünfte. Auch das breite Unterhaltungsangebot macht Ko Samui für viele Reisende attraktiv. Sie können surfen, mit dem Kajak die Umgebung erkunden, tauchen, schnorcheln und schwimmen, es gibt Bungeejumping und Hochseilgärten, Diskotheken und natürlich auch zahlreiche Spa-Anlagen, die für Entspannung sorgen.

Die Strände

Ao Lamai

Die schöne Bucht **Lamai** ist etwa 4 km lang, hat feinen weißen Sand und wird von Kokospalmen bestanden. Das Meer wird immer wieder von kleinen Felsen unterbrochen, davor liegt ein Korallenriff. Im Süden der Bucht sind die berühmtesten Steine Samuis zu finden: **Hin Ta** und **Hin Yai**, auch Großvater- und Großmutterfelsen genannt. Von den Gezeiten und dem Wind glatt geschliffen, erinnern sie an ein männliches und ein weibliches Genital. Die Legende weiß zu berichten, dass einst ein älteres

Auf Samui kämpfen noch heute die **Büffel**. Drei Arenen stehen für diese traditionellen Kämpfe bereit (Nathon, Lamai und Boputh), s. S. 10. Termine werden auf der Ringstraße plakatiert.

Ehepaar im Meer Schiffbruch erlitt und hier am Lamai strandete.

Hinter dem Strand verläuft eine Straße, die sich in den letzten Jahren immer mehr zu einer Amüsiermeile gewandelt hat. Neben Bars gibt es einige Diskotheken, Supermärkte und Geschäfte. Für Kulturinteressierte empfiehlt sich ein Besuch des **Wat Lamai** und der kleinen Ausstellung alter Gegenstände in der **Cultural Hall**.

Hat Mae Nam

Diese etwa 4 km lange Bucht ist eine Alternative für Ruhesuchende. Den feinsten Sand finden Sie an der Strandmitte rund um das kleine Dorf. An den Enden der Bucht wird es noch ruhiger und der Sand etwas grobkörniger. Am Westende des Strandes steht der Tempel **Phra Lam**. Wer den Buddha besuchen möchte, sollte angemessen gekleidet sein. Am Hat Mae Nam lassen sich noch Bungalows aus alten Tagen bestaunen. Da leider immer weniger junge Traveller hier ein vorübergehendes Zuhause suchen, ist es eine Frage der Zeit, bis auch diese schönen pittoresken Hütten verschwinden, um modernen klimatisierten Steinbungalows Platz zu machen.

Hat Bophut

Diese etwa 2,5 km lange Bucht hat einen sehr schmalen Strand und das Wasser wird schnell tief; dementsprechend kommen hier vor allem Schwimmer und Surfer auf ihre Kosten. Attraktiv für Schlemmerfreunde ist das ▷ S. 76

9 | Quirliges Urlaubsleben – Ko Samuis belebtester Strand

Karte: ▶ D 7 und Karte 3 | **Cityplan:** S. 75

Seit den 1980er-Jahren ist die Ferieninsel Ko Samui weltweit bekannt und seitdem ist der Hat Chaweng ihr beliebtester Strand. Die Besucher erwartet ein breit gefächertes touristisches Angebot: Restaurants, Geschäfte, wunderschöne Hotelanlagen und jede Menge Spaß.

Weicher Sand umschmeichelt die Füße, sanft wiegen sich die Palmen im Wind, Sonnenhungrige liegen am Strand, andere dösen geschützt unter Sonnenschirmen. Das Meer lockt ganzjährig zum schwimmen und das Auge blickt weit: Mit einer Länge von 6 km ist dieser Strand der längste und breiteste der Insel.

Hinter den Resorts, die nahezu alle am Strand stehen, verläuft die Strandstraße. Hier ist lediglich morgens nicht viel los, wenn die Partygänger schlafen und der Rest am Strand oder am Pool liegt. Bereits zur Mittagszeit füllen sich Straßen und Gehwege. Es gibt eine riesige Auswahl an Boutiquen, die sowohl Markenware als auch billige Imitate anbieten. Originelle Bademode bekommt man ebenso wie die gerade angesagtesten Modeaccessoirs. Unverwechselbar wird Ihre Kleidung, wenn Sie sich einem Schneider anvertrauen.

Parties und Clubs

Eine Straße hinter der Einkaufsmeile warten die Mädchen in den Bars auf Kunden. Hier und in den Clubs, Diskotheken und Bars geht es dann ab dem frühen Abend mit der nächsten Party weiter. Denn Chaweng ist für seine zahllosen Kneipen und Bars weltbekannt. Um das der Obrigkeit nicht genehme Treiben etwas einzuschränken, schließen die meisten Lokale gegen 2 Uhr nachts.

Wer in der **Ark Bar** [1] direkt am Strand wohnt (www.ark-bar.com, DZ

9 | Ko Samuis belebtester Strand

20–50 €), kann hier in der angesagten Bar direkt am Strand feiern und direkt danach ins Bett fallen. Eine große Party steigt jeden Mittwoch von 14–2 Uhr mit House-Musik und kostenlosem BBQ um 16 Uhr.

Ibiza Feeling bietet der **Salinas Beach Club** 2. Bereits nach dem Frühstück gegen 8 Uhr geht es los mit Alkohol und Musik. DJs aus aller Welt zeigen ihr Können und spielen viel House-Musik (www.salinas-beachclub. com).

Raver treffen sich direkt am Strand in der **Monkey Bay** 3. Jeden Samstag steigt hier eine angesagte Party. Um 14 Uhr geht es los. Gespielt wird u. a. Techno und House. Kostenloser Rave direkt am Strand (aktuelle Infos auf der Facebookseite).

Am zentralen Chaweng direkt am Meer glitzert die Kugel der **Big Bamboo Beach Party** 4. Das riesige Bambusgerüst steht weithin sichtbar im Norden des Strandes. Täglich ist hier geöffnet, doch die besten Partys steigen mittwochs und samstags. Dann wird unter der Glitzerkugel von 20–2 Uhr im Sand getanzt (aktuelle Infos bei Facebook).

Wer auch am frühen Morgen noch Party feiern will, ist im **Sound Club** 5 richtig. Erst um 23 Uhr öffnet diese riesige Diskothek ihre Türen und wenn alle anderen schon schließen müssen, geht es hier erst richtig los. Um 6 Uhr morgens ist dann schließlich auch im Sound Club Zapfenstreich; R & B, Hip Hop und House.

Alteingesessen, aber immer noch angesagt ist der **Reggae Pub** 6. Seit nunmehr über 22 Jahren gibt es diesen Pub, in dem abends bis Mitternacht Livebands spielen, danach kommt ein DJ an die Reihe. Immer wieder gibt es riesige Feuerwerke und tolle Kinoveranstaltungen.

Auch das **Green Mango** 7 lockt seit Jahren das Publikum. Heute gehört der Club zu den größten der Insel; er bietet eine riesige Tanzfläche, auf der zu Hip Hop und diversen Techno-Stilen getanzt wird (www.greenmangoclub. com).

Vollmond-Raves

Kein Thailandurlaub ist für Partyfans perfekt ohne den Besuch einer Vollmondparty. Auch auf Samui wird an diesem Tag des Monats ausgiebig gefeiert. Das **Chaweng Lake View** 8 lädt monatlich zum Rave. Auf dem im Hinterland am See gelegenen Partygelände werden allerdings auch in anderen Mondphasen House-Partys veranstaltet.

Sehr beliebt ist vor allem die monatliche **Black Moon Party** (www.black moonsamui.com). Mittlerweile werden hier zwar sehr große Open Air Partys gefeiert, doch das Original auf Pha Ngan ist noch immer beliebter und besser besucht.

Ein Ausflug zum Original

Hierher gelangen Partyfreunde an Vollmondtagen und -nächten mit dem Speedboot von Samui, zwischen 18 und 24 Uhr, Rückfahrt zwischen 6 und 8 Uhr. Tickets kosten ab 12 € und können am Tag der Party in den meisten Resorts Samuis erworben werden. Der Eintritt für Samui-Urlauber auf Pha Ngan beträgt etwa 2,5 €.

Übrigens: In der Hauptreisezeit, vor allem, wenn Sie Weihnachten und Neujahr unter Palmen verbringen möchten, sollten Sie ein Hotel oder Resort vorbuchen. Ansonsten laufen Sie Gefahr, keine ansprechende Unterkunft mehr zu bekommen.

Die Inseln im Golf

Live-Musik im Reggae Pub

Übernachtung

Wie in einem amerikanischen Strandhaus wohnt man im **Central Bay Resort** 1. Die einfache Anlage ist zentral gelegen. Die älteren weißgetünchten Holzhäuser im hinteren Bereich (Ventilator und Stahlbetten) versprühen ihren ganz eigenen Charme. Vorne Steinbungalows mit Klimaanlage (Tel. 077 42 21 18, 12–50 €). Die **Sea Side Bungalows** 2 erinnern an alte Travellertage. Zwar sind die einfachen Bungalows aus Holz (mit Klimaanlage oder Ventilator) für den gebotenen Standard relativ teuer, doch hebt sich der großzügige Umgang mit dem vorhandenen Platz auf dem großen Areal wohltuend von der ansonsten so dichten Bebauung ab (Tel. 077 42 23 64, ab 30 €). Ruhig und doch mitten drin liegt das **Queen Boutique Place** 3. Das kleine angenehme Boutique-Hotel in einer ruhigen Seitenstraße der Strandstraße verfügt über modern eingerichtete Zimmer (Soi Colibri, Tel. 07 74 13 48, DZ 33–48 €). Das **Malibu Beach Resort** 4 verfügt sowohl über direkt am Strand liegende luxuriöse Bungalows aus Holz (mit kleinem Pool) als auch über große Zimmer in zweigeschossigen Apartmenthäusern. Schöne Gartenanlage. Alle Zimmer mit Safe (Tel. 077 23 15 46, www.malibukohsamui.com, DZ 47 €, Bungalows 115 €). Das **First Bungalow Beach Resort** 5 besteht seit den 1970er-Jahren und hat sich den Ansprüchen der Kunden entsprechend verändert: Schöne Bungalows am Strand und rund um den großen Pool, zudem Zimmer im Apartmenthaus. Kinderpool und Spa (Tel. 07 72 304 14, www.firstbungalowsamui.com, DZ ab 54 €, Bungalows ab 90 €). Das **Corto Boutique Resort** 6 ist eine bunte, geschmackvoll gepflegte kleine Anlage mit individuell gestalte-

9 | Ko Samuis belebtester Strand

ten Zimmern und komfortabler Ausstattung. Kleiner Pool und Restaurant am Meer (Tel. 077 23 00 41, www.cortosamui.com, ab 55 €). Am Strand meditieren kann man in der weitläufigen Anlage des **Muang Kulaypan Hotel** 7. Es hat einen großen Garten mit Pool, das moderne Reihenhaus dahinter verfügt über stilvolle Zimmer. Am Strand gibt es ein gutes Restaurant (Tel. 077 23 08 49, www.kulaypan.com, ab 100 €). Die modern eingerichteten Bungalows des **Poppies Samui Resort** 8 verstecken sich in einem wunderschön angelegten Garten. Kleiner Pool. Beliebtes Strandrestaurant mit Fusionküche. Samstags Thaitanz zum Dinner (Tel. 077 42 24 19, www.poppiessamui.com, ab 160 €).

Essen und Trinken

Wenn Sie nicht in Ihrem Resort essen, dann schlendern Sie einfach über die Strandstraße und lassen die Auslagen für sich sprechen. Es gibt viel frischen Fisch als BBQ, und manchmal wird gar ein ganzes Schwein gegrillt. Neben Thairestaurants werben auch andere Küchen um Kunden. Eine traditionelle indische Küche bietet das **Noori Indian & Thai Restaurant** 1. In diesem Familienbetrieb gibt es viele vegetarische Köstlichkeiten. Die Preise sind niedrig und die Portionen reichlich (Tel. 077 41 33 15, 11–22.30 Uhr). Ausgewählte bezahlbare Gerichte bekommt man im **Good Karma** 2. Mit einem Whirlpool, Spa-Anwendungen, einem Kleidergeschäft und vielen schönen Sitzgelegenheiten hat das Karma ein Flair, das seinesgleichen sucht (Tel. 08 33 94 99 07, www.goodkarmasamui.com). Seafood der Extraklasse bekommt der Gast im **Eat Sense Restaurant** 3, direkt am Strand. Für das Schläfchen danach stehen Strandliegen bereit. Gehobenes Preisniveau – glücklich, wer es sich leisten kann (Tel. 077 41 42 42, www.eatsensesamui.com, 11–24 Uhr).

Sport und Aktivitäten

Die ausgezeichnete Kochschule **Sitca** 1 bietet Kurse für maximal 10 Teilnehmer (Mo–Sa, 45 €), es gibt auch Kurse für Foodcarving, bei denen Sie die Kunst des Gemüseschnitzens erlernen (Soi Colibri, Tel. 077 41 31 72, www.sitca.net). **Bungy Jump** 2: Springen Sie aus 50 m in die Tiefe. Danach können Sie sich am großen Pool abkühlen (Soi Reggae, Tel. 077 41 42 52, Sprung ab 30 €). Über dem Urwald schweben kann man bei den **Canopy Adventures** 3. Zwischen riesigen Bäumen sind Seile gespannt, an denen Sie von Plattform zu Plattform schwingen (Tel. 077 41 41 50, www.canopyadventuresthailand.com, 40 €, inkl. Transport und Getränke).

75

Die Inseln im Golf

kleine Dorf **Fisherman's Village**. In den alten hölzernen Ladenhäusern haben sich neben einigen Geschäften mit Kleidung und Schmuck viele westliche Restaurants niedergelassen, die allabendlich Gäste von der ganzen Insel herbeilocken.

Big Buddha

Die Bucht des Big Buddha Beach (auch Hat Bang Rak) ist wegen des hier thronenden Wahrzeichens der Insel bekannt: der goldglänzende Big Buddha des **Wat Phra Yai**. Für thailändische Touristen ist dieser Ort Wallfahrtsstätte – vor allem an nationalen Feiertagen strömen sie hierher und das Tempelgelände verwandelt sich in einen Jahrmarkt. Westliche Touristen kommen vornehmlich gegen Abend mit Fotokameras ausgerüstet, denn dann erstrahlt die 12 m hohe Statue in besonders schönem Licht. Wer mit dem Flugzeug anreist, kann den Big Buddha bereits beim Landeanflug sehen.

Sehenswerte Wats

Wenige Kilometer östlich vom Big Buddha steht **Wat Plai Laem**. Dieser Tempel ist besonders farbenfroh und beeindruckt mit einer hohen 12-armigen Buddhafigur auf dem See. Berühmt ist der Tempel auch für die im See lebenden Fische; sie zu füttern soll Glück bringen. Das Wat wurde erst Anfang des 21. Jh. erbaut, der Stil basiert jedoch auf jahrtausendealter Tradition. Ein weiterer interessanter Tempel liegt nahe des Namuang-Wasserfalls. Im **Wat Khunaram** ist die Mumie eines meditierenden Mönchs zu bestaunen, der im Jahr 1973 verstarb. Seine Augen sind hinter einer dunklen Sonnenbrille versteckt.

Infos

Tourist Information: Nathon, Tel. 077 42 05 04, 8.30–12 und 13–16.30 Uhr.

In dem Büro direkt hinter der Post gibt es Broschüren, Stadtpläne und Zeitungen.

Übernachtung

Zentral am Strand – **Utopia Resort:** Hat Lamai, Tel. 077 23 31 13, www.utopiasamui.com, 12–40 €. In einem schönen tropischen Garten stehen 30 unterschiedliche Bungalows. Einige mit Ventilator, andere mit Klimaanlage.

Traditionell und doch modern – **Thai House Beach Resort:** Tel. 077 41 80 05, www.thaihousebeach-resort.com, 70–170 €. Den traditionellen Thaihäusern nachempfunden ist die Architektur der großen Bungalows, die sich am Strand und im Garten gruppieren. Innen punkten sie mit modernem Interieur. Weit geschwungener Pool mit Blick aufs Meer.

Familiäre Atmosphäre – **Home Bay:** Hat Mae Nam, Tel. 077 24 72 14, www.homebayresort.npage.de, 12–40 €. Bungalows im Garten, einige wenige direkt am Strand. Geräumig, einfach ausgestattet. Gutes Restaurant, preiswerte Speisen.

Toller Strandabschnitt – **Shangrilah Bungalow:** Mae Nam, Tel. 077 42 51 89, 10–24 €. Bungalows in drei Reihen senkrecht zum Strand. Gut ausgestattete Holzbungalows mit Klimaanlage und Steinbungalows (mit TV). Wenige einfache Hütten mit Ventilator.

Bestechend schön – **Cactus Bungalows:** Boputh, Tel. 077 24 55 65, cactusbung@hotmail.com, 12–40 €. Die Bungalows sind sehr geschmack- und fantasievoll gestaltet. Die Verwendung von Naturmaterialien und die zahlreichen Kakteen im Garten machen diese Anlage zu etwas Besonderem.

Für die ganze Familie – **World Resort:** Boputh, Tel. 077 42 53 55, www.samuiworldresort.com, 35–150 €. Geräumige Zimmer bieten Platz für die ganze Familie, auch der Pool ist für Kin-

Ko Samui

der geeignet. Verleih von Kajaks, abends wird klassischer Thaitanz aufgeführt.

Essen und Trinken

Pfannkuchen satt – **Ninja Crepes:** Hat Lamai und Hat Chaweng. Neben einer großen Auswahl an Pancakes gibt es hier alle gängigen Thaigerichte zu günstigen Preisen (ab 1 €) rund um die Uhr.

Deftige deutsche Küche – **Landhaus:** Hat Lamai. Der aus Kärnten stammende Inhaber hat sich am Lamai mit seinem Landhaus einen Namen gemacht. Hier gibt es Deftiges in riesigen Portionen; mittleres Preisniveau.

Treffpunkt der Surfer – **Billabong Surf Club:** Fisherman's Village, Tel. 077 43 01 44. Große Portionen für hungrige Surfer aus der australischen und der thailändischen Küche; mittleres Preisniveau. Zu Wein und Bier gibt es oft Live-Musik. 10–2 Uhr.

Köstliche Meeresfrüchte – **Happy Elephant on the Beach:** Fisherman's Village, Tel. 07 724 53 47. Seit Jahren ist das Mutterhaus bekannt für gutes Seafood-BBQ. Pavillon direkt am Meer. Gehobenes Preisniveau.

Sport und Aktivitäten

Einfach Abtauchen – **Easy Divers:** Ban Lamai, Tel. 077 41 33 73, www.easydivers-thailand.com. Diese Schule hat diverse Anlaufstellen auf der ganzen Insel. Gute Touren, freundliche Leute.

Entspannen im Tropenwald – **Tamarind Spa:** Lamai, Tel. 077 42 44 36, www.tamarindsprings.com. Exklusives Spa in wunderschönem Ambiente. Gute Anwendungen. Die Kräutersauna ist in den Fels integriert und zur Abkühlung begeben Sie sich in die teils naturbelassenen Pools. Gehobenes Preisniveau.

Kunst des Kochens– **Sonjas Kochschule:** Mae Nam, Tel. 08 97 25 56 10, www.thaicookingclass-samui.com. In dieser kleinen Kochschule lernen Sie in 4-stündigen Privatkursen die Grundlagen der Thaiküche.

Verkehr

Flug: Ko Samuis Flughafen ist im Besitz von Bangkok Air und wird von der Airline täglich mehrfach angeflogen. Minibusse, Taxen und Songthaews stehen zum Weitertransport bereit. Mietwagen bei Budget, Tel. 077 42 71 88. Bangkok Airways, Tel. 077 42 01 33, am Flughafen 077 52 25 13, www.bangkokair. com. Nach Bangkok 17 Flüge, zwischen 6 u. 22 Uhr in 65 Min. ab 60 €. Nach Krabi 3 x wöchentlich in 40 Min. ab 50 €. Phuket 3 x tgl. in 1 Std. ab 60 €.

Boot und Bus: Zum Festland und den Nachbarinseln ab Mae Nam und Big Buddha. Aktuelle Fahrzeiten und Preise von Lomprayah und Seatran unter www.lomprayah.com bzw. www.seatrandiscovery. com. Mit dem Bus ab Chumphon bis Hua Hin oder Bangkok. Ab Ban Mae Nam in der Saison tgl. mittags mit dem Speedboot nach Hat Rin, Hat Thien, Thong Nai Pan auf Ko Pha Ngan.

Nahverkehr: Die Verbindung von Strand zu Strand wird von Songthaews sichergestellt. Diese fahren den ganzen Tag unregelmäßig auf der Ringstraße. Die Ziele sind jeweils außen bunt aufgemalt, eine Fahrt ab 50 Bt. Wer mit dem recht teuren Taxi fahren möchte, sollte darauf bestehen, dass der Taxameter angestellt wird.

Wie ihre Vorfahren arbeiten viele Einwohner noch immer als **Kokosnussbauern**. Sobald Sie sich vom Strand ins Inland begeben, werden sie die freundlichen Einheimischen bei der Arbeit sehen. Ihre Helfer sind Affen, die gekonnt die reifen Nüsse pflücken. Vorsicht, die Tiere sind nicht so nett, wie sie aussehen.

Die nördliche Andamanenküste

Khao Sok National Park
▶ B/C 7

Ein Besuch dieses Parks ist vor allem bei westlichen Reisenden sehr beliebt. Neben Tages- oder Mehrtagestouren zu den Wasserfällen sind auch Ausflüge zu Rafflesia-Blüten und zum Stausee beliebt, **direkt 10** ▶ S. 79.

Der Stausee 1
Der Chiew-Lan-See gehört zu den schönsten Seen Thailands und dies, obwohl er erst 1982 künstlich angelegt wurde. Nach dem Bau des Ratchaprabha-Damms mussten 900 Menschen ihre Dörfer verlassen und das Gebiet wurde geflutet. Heute verzaubert der See, aus dem Karstfelsen und alte Baustümpfe aufragen – vor allem in den Morgenstunden, wenn sich der Nebel über dem Wasser lichtet. Nahe des Sees befinden sich einige Höhlen, die auf Tagesausflügen besucht werden können. Die Nam-Thalu-Höhle kann nicht in der Regenzeit besucht werden.

Die Rafflesia-Wanderweg 2
Bis zu 80 cm Durchmesser kann die Rafflesia-Blüte erreichen, eine wirklich beeindruckende Größe. Besonders schön ist sie nicht und auch ihr Geruch ist eher abschreckend als anziehend. Das ändert jedoch nichts an der Faszination, die Besucher empfinden, wenn Sie das erste Mal vor eine solchen Blume stehen. Der Pfad mit den meisten Pflanzen ist von Mai bis Ende Oktober geschlossen.

Tiere im Park
Im Khao Sok National Park leben noch viele wilde Tiere, angeblich sogar Leoparden, Tiger und Elefanten. Sehen werden Sie diese Tiere nicht, da sie tief im Wald leben. Weniger Scheu vor dem Menschen zeigen die wunderschönen **Schmetterlinge**, **Reptilien**, **Vögel** und **Affen**. Bei Besuchern weniger beliebt sind die vielen **Blutegel** nach dem Regen. Auch gefährliche **Schlangen** leben im Park. Sollten Sie gebissen werden, suchen Sie sofort Hilfe bei einem Einheimischen. Gegengift ist vorhanden.

Übernachten
Fast alle Unterkünfte haben warmes Wasser, auch die nicht-klimatisierten.
Einfach und günstig – **Nung House** 1 : Tel. 077 39 51 47, www.nunghouse.com, DZ einfach 5 €, mit Klimaanlage ab 10 €. Bambushütten mit Ventilator, größere Steinbungalows und geschmackvoll ausgestattete Zimmer im Haus.
Direkt am Swimming Hole – **Art's Riverview Lodge** 2 : Tel. 08 64 70 32 34. Schöne Anlage mit Holzbungalows und vielen Naturmaterialien. Viele der auf Pfählen stehenden Bungalows liegen am Fluss, einige dahinter in dichtem Grün. 28 €. Das Restaurant lohnt auch für Nicht-Gäste.
Mit Pool – **Morning Mist Resort** 3 : Tel. 08 99 71 87 94, www.khaosokmorningmistresort.com, ab 25 €. Große Anlage mit geräumigen Zimmern, mal im Reihenbungalow aus Bambus, mal aus Stein und auf Stelzen thro-   ▷ S. 82

10 | Urwald pur – auf eigene Faust durch den Khao Sok

Karte: ▶ B/C 7 | **Plan des Nationalparks:** S. 81 und 82

Beeindruckend erheben sich die Karstfelsen aus dem Dschungel. Ausgerüstet mit einer Karte der Nationalparkverwaltung führt die Wanderung durch dichtes Grün; zwischendurch kann man unter einem Wasserfall baden.

Der zwischen Golfküste und Andamanensee gelegene Nationalpark lockt mit bizarren Karstfelsen und einer üppigen Natur. Der Khao Sok gehört zu den schönsten Nationalparks des Landes und ist seit den Vorweihnachtstagen des Jahres 1980 als solcher geschützt. Die weltweit bekannte Attraktion dieser Gegend sehen Sie direkt beim Eintritt: die Rafflesia. Diese Blume ist die größte Blütenpflanze der Welt. Es ist in diesem Fall nur eine Attrappe, doch sie veranschaulicht, wie üppig hier alles wächst. In diesem Teil des Parks hat auch die Verwaltung (inkl. einer sehenswerten kleinen Ausstellung) ihren Standort; zudem gibt es ein **Restaurant** 1 und die Nationalparkbungalows.

Zwei Wege führen in den Dschungel

Beim Ticketschalter des **Besucherzentrums** 1 erhalten Sie die kleine Faltkarte, die Ihnen den Weg durch den Dschungel weist. Die gestrichelte Linie zeigt an, wie Wege angelegt sind – doch diese sind teils auch nur kleine schmale Pfade. Achten Sie auf gutes Schuhwerk, ausreichende Wasserreserven und überschätzen Sie sich nicht.

Der Weg zum Pool und zum Wasserfall

Auf der Karte ist zu sehen, dass man bis zum **Ton-Kloi-Wasserfall** 2 wandern kann. Dieser ist ca. 7 km vom Hauptquartier entfernt und der Auf- und Abstieg dorthin dauert den ganzen Tag. Ratsamer ist es, sich Zeit zu nehmen und sich als Endziele den Pool Wang

Die nördliche Andamanenküste

Yoaw bzw. den Than-Sawan-Wasserfall vorzunehmen.

Der Weg dieser Route ist auf den ersten 2,5 km gut ausgebaut. Hier können Sie auch bequem mit dem Mountainbike fahren. Einen halben Kilometer vor Wang Yaow wird der Weg zum Pfad: Der Urwald ist erreicht. Wurzeln werden zu Treppenstufen oder auch Fußangeln, ein riesiger Bambuswald säumt den Weg und zuweilen versperren ihn auch umgeknickte Stangen.

Dann erreichen Sie den **Wang Yoaw** 3, die Abzweigung ist gut sichtbar ausgeschildert. Es bietet sich ein überaus idyllisches Bild: Im kleinen Fluss bildet sich ein gut zugänglicher Pool, in den sich zahllose Fische tummeln. Bäume bestehen das Ufer, runde schöne Steine begrenzen das Flussbett. Wer hier nicht rastet und sich ins kühlende Nass begibt, verpasst etwas.

Wenn Sie sich nun noch 1,5 km mehr auf dem unwegsamen Weg zutrauen, folgen Sie dem Pfad weiter hinauf bis zum **Bang-Liap-Wasserfall** 4. Wer noch etwas mehr Abenteuer sucht, wagt den Weg noch einen Kilometer weiter zum **Than-Sawan-Wasserfall** 5. Hier müssen Sie die letzten 500 m im Flussbett zurücklegen. Es ist nicht ratsam, dies in der Regenzeit zu versuchen, da dann der Weg sehr rutschig und gefährlich wird.

> **Übrigens:** Bedenken Sie immer, dass Sie sich in der sich in wilder Natur befinden. Es wird nur wenig aufgeräumt und Dorniges oder gefährlich ihren Weg Kreuzendes kaum beiseite geschafft: »Mind your head« und »Open your eyes«. Seien Sie nicht über sich enttäuscht, wenn Sie Ihren Ausflug früher abbrechen als geplant: Es kann überlebenswichtig sein, seine Kräfte richtig einzuschätzen.

Der Lehrpfad

Ein weiterer Weg führt vorbei am Restaurant und den Nationalparkbungalows Richtung **Sip-et-Chan-Wasserfall** 6. Der Rundweg wurde einst als Lehrpfad angelegt und ist teils mit beto-

Die Blüten der Rafflesia können einen Durchmesser von bis zu 80 cm erreichen

10 | Urwald Khao Sok

nierten Wegen und Stegen versehen. Der Blick von einigen Ausblicksplattformen ist heute von Bäumen zugewachsen. Auch die Wege haben bereits bessere Tage gesehen. Dennoch ist auch dieser Weg einen Ausflug wert und ermöglicht einen Einblick in die Welt des Dschungels: Sehr gut zu sehen ist, wie schnell sich die Natur ihr Reich zurückerobert. Kinder sind begeistert von der **Hängebrücke** 7, die es zu passieren gilt. Den Weg hinauf zum Wasserfall sollten Sie nur mit einem Führer unternehmen, allein ist es zu gefährlich.

Infos
Eine kleine, gelungene Ausstellung im **Besucherzentrum** 1 der Nationalparkverwaltung zeigt u.a. Fotos der Wasserfälle; zudem wird über die Routen und die im Park lebenden Tiere informiert. Das Haus ist von 8–16.30 Uhr geöffnet.

Eintritt
Am Ticketschalter direkt am Eingang des Parks bekommt man für 200 Bt ein Ticket, das 24 Stunden gültig ist. Beachten Sie, dass es im Wald keinen Handyempfang gibt. Sobald Sie sich etwa 1 km von der Parkverwaltung entfernt haben, sind Sie auf sich gestellt.

Touren
Sie sollten mindestens zu zweit losziehen, um im Gefahrenfall nicht ohne Hilfe zu sein. Wer sich eine Tour auch paarweise nicht zutraut, fragt in seinem Resort oder bei der Parkverwaltung nach einen kundigen Führer. Im Angebot sind Touren zum Stausee, zu den Rafflesia-Blüten und zu den Wasserfällen. Tagestouren kosten ab 700 Bt. Auch Nacht-Safaris werden durchgeführt, sie dauern etwa drei Stunden und kosten 600 Bt. Wer eine 2-Tagestour mit Übernachtung im Zelt und Nachtsafari am Tong-Kloi-Wasserfall wählt, zahlt inkl. Essen 1800 Bt. Gruppentouren sind nicht jedermanns Sache, aber in jedem Fall die günstigere Option. Wer bereit ist, etwas mehr als den Minimalpreis zu zahlen, kann sich eine Tour individuell gestalten und einen eigenen Führer organisieren.

Reisezeit
Nirgendwo in Thailand fällt soviel Regen wie im Khao Sok; lediglich zwischen Dezember und April ist es etwas trockener. Heftigste Regenfälle sind von Mai bis Oktober zu erwarten; dann sollten Sie von Touren auf eigene Faust verzichten; es wird gefährlich rutschig und der Urwald für Laien unkalkulierbar.

Lesetipp
Das lesenswerte Buch »Waterfalls & Gibbon Calls – Exploring Khao Sok National Park« von Thom Henley, gibt es in den kleinen Supermärkten bei den Unterkünften für 520 Bt. Wer mehr über den Park, seine Geologie und seine Bewohner erfahren möchte, sollte sich dieses Buch besorgen.

Khao Sok National Park

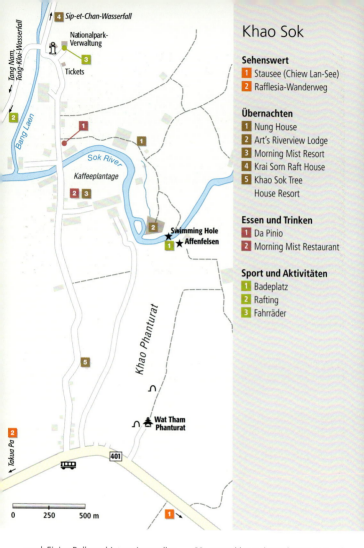

Khao Sok

Sehenswert
1. Stausee (Chiew Lan-See)
2. Rafflesia-Wanderweg

Übernachten
1. Nung House
2. Art's Riverview Lodge
3. Morning Mist Resort
4. Krai Sorn Raft House
5. Khao Sok Tree House Resort

Essen und Trinken
1. Da Pinio
2. Morning Mist Restaurant

Sport und Aktivitäten
1. Badeplatz
2. Rafting
3. Fahrräder

nend. Einige Balkone bieten einen tollen Bergblick. Kleiner Pool, gutes Restaurant.
Am Stausee – **Krai Sorn Raft House** 4: Nationalparkbungalows. Wer eine Tour bucht, wohnt meist in einem der 15 Bambusbungalows (ab 12 €/Pers.). Zu der Anlage direkt am See gehört auch ein Restaurant.
Wohnen im Baumhaus – **Khao Sok Tree House Resort** 5: Tel. 077 39 51 69, www.khaosok-treehouse.com, ab 28 € mit Ventilator und 100 € mit Klimaanlage. Schöne, individuell gestaltete Baumhäuser. Einfache Unterkünfte ohne viel Komfort und klimatisierte Bungalows mit Fernseher und WLAN.

Essen und Trinken

Italienische Pizza – **Da Pinio** 1: An der Straße zum Nationalpark. Einfaches

Khao Lak

Wellenförmiges Mahnmal mit Gedenktafeln – das Tsunami-Memorial in Baan Nam Khem

Restaurant mit Holzofen. Leckere Pizza ab 4 € und weitere italienische Köstlichkeiten.

Typisch Thai – **Morning Mist Restaurant** 2: An der Hauptstraße. Das Restaurant ist auf mehreren Ebenen angelegt. Probieren sollte man den Lemongrass-Shake (2 €) und den gebratenen Dschungelfarn (5 €).

Sport und Aktivitäten

Schwimmen am Affenfelsen – Am **Swimming Hole** 1 vor dem Restaurant der Art's Riverview Lodge können Sie dank eines Seils Tarzan spielen und sich ins Wasser fallen lassen.

Mit dem Schlauchboot – **Rafting** 2 am Wasserfall. Besonders die Stromschnellen des Bang Hua Raet-Wasserfalls eignen sich für Wildwasserkanus. Touren (ab 18 € für 2 Std.) können in allen Reisebüros und Gästehäusern gebucht werden.

Mit dem Rad durch den Park – **Fahrräder** 3 gibt es bei einigen Unterkünften und bei der Nationalparkverwaltung für 4 € am Tag.

Auf dem ›Schlauch‹ – Beliebt ist das **Tubing**, eine Fahrt mit dem aufgepumpten Schlauch den Sok-Fluss hinab. Nahezu alle Resorts bieten diesen Spaß an (ab 8 € pro Stunde, inkl. Transport zurück zum Resort).

Verkehr

Bus: Von Bangkok und Surat Thani nach Phuket tgl. Busse bis zum Halt am km 109,1. Hier warten Pick-ups.

Khao Lak ▶ B 8

Die kilometerlangen Strände von Khao Lak eignen sich perfekt für lange Wanderungen und zum Sonnenbaden. Der Sand ist zumeist paradiesisch hellgelb, samtweich und sehr sauber.

Vor der Küste im Süden liegen wunderschöne Steinformationen, die seit langer Zeit als Nationalpark geschützt sind. Das gilt auch für die hinter dem Strand aufragenden Kalksteinfelsen, die mit riesigen Urwaldhölzern bewachsen sind.

Khao Lak

Sehenswert
1. Hat Nang Thong
2. Bang Niang
3. Hat Khuk Khak
4. Laem Pakarang
5. Hat Pakweek
6. Sunset Beach
7. Poseidon Beach
8. Hat Lek
9. Polizeiboot
10. Tsunami Memorial
11. Tsunami-Museum

Übernachten
1. Khao Lak Green Beach Res.
2. Amanusa Bungalows
3. Khao Lak Resort
4. Poseidon Bungalows

Essen und Trinken
1. Takiang Restaurant
2. Sala Thai Restaurant
3. Joe's Steakhouse

Sport und Aktivitäten
1. Green Biking Club
2. Sea Bees Diving
3. Sea Dragon Dive Centre
4. Wetzone Diving
5. Asia Safari Park

Abends und Nachts
1. Happy Snapper
2. O'Connor's Irish Pub

Die Strände
Die wichtigsten und zentralen Strände sind **Hat Nang Thong** 1 und **Bang Niang** 2. Im Norden (**Hat Khuk Khak** 3, **Laem Pakarang** 4, **Hat Pakweek** 5) und im Süden (**Sunset Beach** 6, **Poseidon Beach** 7, **Hat Lek** 8, direkt 11) S. 86) ist weniger los. Alle Strände bestechen mit einem fantastischen Sonnenuntergang. Ein Spaziergang in den Abendstunden, wenn sich die Luft etwas abkühlt, verspricht unvergessliche Urlaubserlebnisse.

Erinnerung an den Tsunami
Das von der Wucht der Welle weit ins Inland gespülte **Polizeiboot** 9 steht noch heute im Hinterland des Bang Niang Beaches. An die Flutwelle erinnert auch das **Tsunami Memorial** 10, an

84

dem Hinterbliebene der Opfer gedenken. Sehr sachlich informiert das kleine **Tsunami-Museum** 11 (Hauptstraße von Bang Niang, 10–17 Uhr, 100 Bt).

Übernachten

Einfach und direkt am Strand – **Khao Lak Green Beach Resort** 1 : Hat Nang Thong, Tel. 076 48 53 46, ab 20 €. Holzbungalows mit Klimaanlage stehen im Halbkreis direkt am Strand. Die Zimmer sind zwar einfach, aber die Lage macht diesen Platz attraktiv.

Tropischer Garten am Meer – **Arara Villas** 2 : Hat Bang Niang, Tel. 076 486 478, www.ayara-villas.com, 50-100 €. geschmackvoll eingerichtetDie Bungalows im Thaistil sind . Auch die Zimmer im modernen, eleganten Hauptgebäude sind eine gute Wahl. Zwei schöne Pools.

Purer Luxus – **Khao Lak Resort** 3 : Sunset Beach, 158 Sritakuapa Road, Tel. 076 42 81 11. www.khaolakresort.com, DZ ab 98 €. Aus Naturmaterialien erbaute Bungalows, Zimmer im Haupthaus. Großer Pool mit Meerblick, Spa.

Abgeschieden – **Poseidon Bungalows** 4 : s. S. 87

Essen und Trinken

Speisen mit Flair – **Takiang Restaurant** 1 : Neben dem Polizeiboot. Gerichte ab 1,5 €. Gute Küche in tollem Ambiente: Wunderbare Sammlerstücke aus dem Norden Thailands schmücken das kleine Restaurant.

Frisches aus dem Meer und Currys – **Sala Thai Restaurant** 2 : Nang Thong Beach, Gerichte ab 2 €. Gute Thaiküche und frisch zubereiteter Fisch (nach Gewicht). Nettes Ambiente, teils mit Tischen im Sand.

Steaks vom Kenner – **Joe's Steakhouse** 3 : Bang Niang Beach, tgl. (außer Mo) ab 18 Uhr, Steaks ab 5 €. Im dem kleinen Lokal brutzelt ein Deutscher leckere Steaks.

Sport und Aktivitäten

Mit dem Fahrrad – **Green Biking Club** 1 : 67/5 Moo 5 Petchakasem Road, Tel. 076 44 32 11. Geführte Touren in die Umgebung (17–40 km).

Einfach abtauchen – **Sea Bees Diving** 2 : www.sea-bees.com/de; **Sea Dragon Dive Centre** 3 : www.seadragondivecenter.com; **Wetzone Diving** 4 : www.wetzonedivers.com. Die Tauschschulen bieten Kurse und Ausflüge, vielfach auch Live-aboards, bei denen Sie mehrere Tage unterwegs sind. Ziele sind u. a. auch Wracks unter Wasser, wie der nahebei liegende Zinnbagger oder das Premcha-Wrack.

Abstecher – **Asia Safari Park** 5 : s. S. 87.

Abends und Nachts

Live-Musik – **Happy Snapper** 1 : Main Road, 5/2 Moo 7, Tel. 076 42 35 40, www.happysnapperbar.com. Mo–Sa Live-Musik von 10.30–1 Uhr nachts.

Englisches Bier und Cocktails – **O'Connor's Irish Pub** 2 : Main Road, 5/52, Moo 7, Tel. 08 57 84 96 45, www.o-connors-irishpub.com, geöffnet abends bis nachts. Jeden Abend gibt es hier ›All-you-can-eat-Korean-BBQ‹.

Verkehr

Bus, **Fähre**: Überlandbusse verbinden Bangkok und Phuket und halten auch in Khao Lak. Die Fahrt bis Bangkok dauert etwa 12 Std., nach Phuket 2–3 Std. Kombitickets (Phi Phi, ▷ S. 88

Generell ist an den Strände beim Baden Vorsicht geboten, da **gefährliche Unterströmungen** auftreten können. Gerade Kinder sollten nur bei Ebbe und ruhiger See ins Wasser gehen. Die meisten Hotels haben einen Pool mit Meerblick, der für kühlendes Nass sorgt.

11 | Durch den Urwald zum Meer – die Bucht Hat Lek

Karte: ▶ B 8 | **Detailkarte:** S. 84

Ein Dschungelpfad durch den Nationalpark Khao Lak Lamru führt nach Hat Lek, einer einsamen, idyllischen Bucht, in der man sich wunderbar von den Anstrengungen der Wanderung erholen kann.

Gischt umspült die Felsen im Meer, die die Wellen vor der kleinen Bucht brechen. Der Sand ist weich und feinkörnig und bei Ebbe recht breit. Wunderschön anzusehen ist der schwarz-graue Zinnstaub, der den Sand an vielen Stellen marmoriert. Ein kleiner Süßwasserbach schlängelt sich aus den Tiefen des Waldes bis an den Strand – nicht nur für Kinder ist eine Abkühlung in dieser Lagune ein tolles Erlebnis.

Hinter dem Strand erheben sich die Bäumen und Felsen des Nationalparks. Die kleine Bucht **Hat Lek** 8 , auch Sandy Beach genannt, ist Teil des Schutzgebietes und daher müssen Sie in der Hochsaison auch die Nationalparkgebühr bezahlen. Baden kann man nur bedingt und Sie sollten sehr vorsichtig sein: die Unterspülungen und Wirbel, verstärkt von den vorliegenden Felsen, machen das Badevergnügen hier gefährlich.

Der Strand eignet sich perfekt für ein kleines Picknick und es lässt sich hier entspannt Strandgut sammeln.

Obwohl die Bucht sehr bekannt ist und viele Agenturen einen Besuch im Programm haben, werden Sie hier aller Wahrscheinlichkeit nach allein sein.

Hat Lek liegt zwischen dem **Poseidon Beach** 7 , auch als Khao-Lak-Süd bekannt, und dem **Sunset Beach** 6 . Richtung Norden befindet sich das Hauptquartier des Nationalparks. Bis 1991 war nur die Küste geschützt, die wunderbaren Bäume im Hinterland kamen erst später hinzu: eine herrliche Landschaft, von der Sie auf dem Weg von der Straße bis zum Hat Lek einen

11 | Die Bucht Hat Lek

Eindruck gewinnen können. Für den Weg durch den Dschungel hinab zum Meer benötigt man etwa 10 Min. Der relativ breite Dschungelweg kann bei Nässe sehr glitschig sein. Er ist aber gut ausgetreten und die freiliegenden Wurzeln der Urwaldbäume geben den Füßen Halt. Vergessen sie nicht ihren Fotoapparat mitzunehmen. Die wilden Luftwurzeln, die von den riesigen Bäumen herabhängen und sich bis auf den Boden winden, sind eine Augenweide. Bricht sich jetzt noch das Licht durch die Bäume, haben Sie das Gefühl, im dichten Dschungel zu weilen, dabei ist die Zivilisation doch so nah.

Reisezeit

Die heiße Jahreszeit beginnt im Januar und dauert bis in den April hinein. Dann beginnt die Regenzeit, die bis Dezember teils heftige Regenfälle mit sich bringt. Besonders im November regnet es sehr viel. Die meisten Resorts sind ganzjährig geöffnet und in der Regenzeit werden oft Preisnachlässe bis zu 50% gewährt.

Infos zum Park

Die **Verwaltung** befindet sich nahe des **Poseidon Beach** `7`, Tel. 076 48 52 43. Es gibt leider kaum Informationen. Die Nationalparkgebühr beträgt 100 Bt, das Ticket gilt für 3 Tage.

Übernachten im Park

Die Zimmer in den vier steinernen **Nationalparkbungalows** nahe der Parkverwaltung kann man unter www.dnp.co.th reservieren, DZ 20 €. Sie sind rustikal möbliert, haben Fliesenboden und sind gut gepflegt. Es gibt einen Ventilator und warmes Wasser. Nahebei kann man zelten. Fast alleine am Strand übernachten kann, wer die **Poseidon Bungalows** `4` als Quartier wählt (Tel. 07 644 32 58, www.similan-tour.com). Am namensgleichen Strand liegt dieses kleine Resort mit nur 15 Bungalows etwas abgeschieden von den anderen Anlagen. Große Bungalows (für 4 Pers. und damit ideal für Familien) und einfache Holzbungalows stehen zur Verfügung. Ansprechende Möblierung, familiäre Atmosphäre. Die Bungalows liegen am Hang und so eröffnet sich manch malerischer Ausblick aufs Meer. DZ ab 23 €.

Essen

Zwischen **Poseidon Beach** `7` und **Hat Lek** `8` finden Sie einige Restaurants, die Thai- oder westliche Küche anbieten. Seafood ist ebenfalls zu finden. Die meisten Restaurants liegen direkt an der Straße oberhalb des Meeres. Malerisch im Dschungel sitzt man im Restaurant nahe des Hat Lek **(Ziffer?)** (auf dem Pfad von der Straße kommend rechterhand). Wer hier speist, braucht keine Nationalparkgebühr zu zahlen.

Lohnt einen Abstecher

Asia Safari Park `5`: Tel. 076 59 53 24, oberhalb des Sunset Beaches. Dieser kleine Park wird unter thailändisch-deutscher Leitung (Peter Stiller) betrieben. Es gibt tolle Ausflüge in die Umgebung, auf denen Sie mit dem Floß ein Stück des Flusses hinabfahren und ein Bad unter dem Wasserfall nehmen können. Zudem wird Elefantenreiten angeboten (1000 Bt/Std.). Es ist ein kleiner Park mit Affen und Krokodilen entstanden (200 Bt), in dem auch die Elefanten besucht werden können. Bei den sensiblen Dickhäuter gab es vor einigen Jahren Nachwuchs – ein gutes Zeichen für deren artgerechte Haltung.

Die nördliche Andamanenküste

Krabi und Ko Lanta) gibt es in den Reisebüros und den meisten Resorts.
Flugzeug: über Phuket, Taxen vom Flughafen ab 35 €.

Die Similan- und Surin-Inseln ▶ A 8 und A/B 7

Wenn Sie sich nicht nur für Strände und Urwälder, sondern auch die Welt unter Wasser interessieren, sollten Sie einen Ausflug zu den Surin- oder Similan-Inseln unternehmen. Beide Gebiete sind als Naturpark geschützt und sowohl für Taucher als auch für Schnorchler zählen sie zu den Top-Zielen weltweit; mit Sichtweiten um die 30 Meter, unvergesslichen Begegnungen mit Mantas und Walhaien und traumhaften Unterwasser-Spaziergängen durch märchenhafte Korallen-Gärten. Auch über Wasser sind die Inseln beeindruckend.

Ko Similan National Park
Erstarrte Magma, die vor etwa 200 Mio. Jahren an die Erdoberfläche trat und seitdem von Wellen, Wind und Wetter bearbeitet wurde, bildet die neun Similan-Inseln: fantastische Formen, die gesäumt von blendend weißen Sandständen aus dem Meer aufragen – Postkartenbilder, wohin das Auge blickt. Die einzelnen Inseln tragen eigene Namen, sind aber zudem durchnummeriert. Das touristische Zentrum bildet die Nr. 4 (Ko Meang), die zweitgrößte Insel, auf der es einige Unterkünfte der Nationalparkverwaltung gibt. Unbedingt besuchen müssen Sie Nr. 8 (Ko Simlilan), die größte der Inseln: Hier kann man auf den Granitfelsen herumklettern und die natürlichen Skulpturen bewundern, die von glasklarem Wasser umgeben sind. Einige gute Schorchelstellen komplettieren das Vergnügen. Vorrangig für Taucher interessant sind z. B. Nr. 3 (Ko Payan), wo man Haie beobachten kann, und Nr. 9 (Ko Bangu), wo die Mantas kreisen.

Ko Surin National Park
Korallengärten, in denen sich Schildkröten und Walhaie tummeln, feinsandige Strände, Inseln, bewachsen mit tropi-

Aus dem Meer ragende Felsen vor Phukets Küste

schem Urwald, bewohnt von Lemuren und exotischen Vögeln – willkommen im Ko Surin National Park! Während auf den Similans die fantastischen Felsformationen faszinieren, begeistert auf den Surin-Inseln die intakte Natur. Auf den größeren Inseln Ko Surin Nua (Nord-Surin) und Ko Surin Tai (Süd-Surin) locken tolle Strände mit vorgelagerten Riffen. Mit Kajaks und Longtailbooten können Sie Buchten und Schnorchelplätze entdecken. Ein Super-Highlight für Taucher ist der Richelieu-Rock, an dem zwischen Februar und Mai fast sicher mit Walhai-Begegnungen gerechnet werden kann.

Infos

Ko Similan National Park, Tel. 076 59 50 45, **Ko Surin National Park**, Tel. 076 47 21 45. Beide Parks sind von Mitte Mai bis Mitte November geschlossen. 400 Bt/Tag, **Zelten** ab 6 €; im Similan National Park auf Ko Maeng gibt es **Bungalows**, in denen man für 12–40 € übernachten kann; Reservierung: www.dnp.go.th.

Verkehr: Beide Nationalparks werden in der Saison von Mitte November bis Mitte Mai täglich von Ausflugsbooten aus Khao Lak und Phuket angefahren.

Phuket ▶ B 8/9 und Karte 2

Seit den 1980er-Jahren ist die größte Insel Thailands als Reiseziel beliebt. Phuket bietet wunderbare Sandstrände und eine gut ausgebaute Infrastruktur. Das Übernachtungsangebot ist vielfältig und an allen **Stränden** (s. S. 95) findet man Unterkünfte, die westlichen Standards entsprechen.

Die ca. 300 000 Einwohner Phukets sind zu einem Drittel Moslems malaiischen Ursprungs. Daneben leben hier buddhistische Thai und viele Chinesen.

Die Inselhauptstadt **Phuket-Town** (**direkt 12** S. 90) ist geprägt von chinesischen Tempeln und Versammlungshallen. Buddhistisches Pilgerziel ist die 12 m hohe Buddhastatue **Phra Buddha Ming Mongkhol Ake Naga Khiri** auf einer Anhöhe im Süden der Insel.

Übernachten
in Phuket-Town:

Die besondere Jugendherberge – **Phuket Backpacker Hostel** **1**: 167 Ranong Road, Tel. 076 25 66 80, www. phuketbackpacker.com. Wer nicht gerne im Schlafsaal schläft (6 €), findet hier auch Zimmer mit und ohne Klimaanlage (25 €). Toll ist der Aufenthaltsraum (großer Fernseher). Es gibt zudem eine Waschmaschine und einen Trockner, Internetzugang und jederzeit Kaffee. Der Garten im Hinterhof ist ein idealer Rückzugsort. Buchungen im Netz günstiger.

Zentral und sehr individuell – **Forty-Three Gh** **2**: 43 Thalang Road, Tel. 076 25 81 27, www.phuket43guesthouse.com, ab 10 €. Alle Zimmer sind einfach, aber geschmackvoll und individuell gestaltet. Teilweise mit eigener Veranda oder eigenem kleinen Steingarten. Duschen sind im Zimmer, die Toiletten außerhalb. Netter Aufenthaltsraum, tolle Atmosphäre.

Luxus für wenig Geld – **Baan Suwantawee** **3**: 1/10 Dibuk Road, Tel. 076 21 28 79, www.baansuwantawe. co.th, 30 €. Auf vier Stockwerken gut ausgestattete Zimmer mit Klimaanlage, Badewanne, Wasserkocher, Kühlschrank und TV. Von den Veranden Blick auf den Pool. Wer oben wohnt, genießt den Sonnenuntergang über der Skyline der Stadt.

Luxus mitten in der Stadt – **Metropole Hotel** **4**: 1 Soi Surin, Montri Road, Tel. 076 21 50 50, www.metropolephuket.com, DZ 30–400 €. Nahezu 250 Zimmer für Ge-   ▷ S. 93

12 | Jazzkneipen und Künstlerflair – Spaziergang durch Phuket-Town

Karte: ▶ B 9 | **Cityplan:** S. 94

Phuket-Town ist ein ganz besonderer Ort, dessen koloniales Erbe belebt wird von kreativen Thailändern. Jazzkneipen, Künstlercafés und Ateliers locken neben ausgewählt bestückten Boutiquen zum Flanieren und Verweilen.

Etwa 60 000 Einwohner wohnen in der wunderschönen Hauptstadt. Vor allem die Altstadt, deren Stadthäuser im sino-portugiesischen Stil erbaut wurden, beeindruckt auf den ersten Blick. Schon früher war diese Stadt kosmopolitisch, ein Handelszentrum der Zinnbarone mit ihren prachtvollen Villen und Geschäftshäusern. Heute dominieren dank innovativer Galerien, Jazzkneipen und Cafés nicht mehr kommerzielle, sondern künstlerische Impulse.

Zu Fuß durch die Altstadt
Beginnen Sie Ihren Tag in Phuket-Town am besten mit einem Frühstück. Zahlreiche nette Cafés stehen zur Auswahl: Empfehlenswert für einen Kaffeepause in künstlerischer Umgebung ist das **Gallery Café** [1], das **Kopi** [2] spricht alle an, die Kaffeehausketten lieben und in der **Siam Bakery** [3] duftet es so herrlich nach frischen Backwaren, dass man sich in Frankreich wähnt.

Galerien und Tempel in der Phang Nga Road
Frisch gestärkt können Sie nun Ihren Tag mit dem Besuch einiger Galerien in der Phang Gna Road beginnen. Den Anfang macht die **Sarasil Art Gallery** [1] mit Kunstwerken zahlreicher Künstlern aus Thailand. Neben klassischen Buddhabildnissen beeindrucken die ausgefallen Portraits von Langhalsfrauen. Nur wenige Schritte weiter befindet sich die **Wua Art Gallery** [2]. Mr. Zen und ein Künstlerfreund stellen hier ihre Werke aus. Neben Malerei gibt es auch kleine Skulpturen. Alles ist ge-

12 | Spaziergang durch Phuket-Town

konnt arrangiert, so dass Sie sich wie in einer kleinen Ausstellung fühlen. Der freundliche Künstler beantwortet gerne alle Fragen, sofern es seine Englischkenntnisse zulassen. Vorbei am **On On Hotel** **1**, einem der älteren Hotels der Stadt und Kulisse im Leonardo-Di-Cabrio-Filmerfolg »The Beach«, gelangen Sie zum kleinen Ting **Kwan Tang (Shrine of the Sirene Light)** **2**. Hier können Sie einen Blick in die religiöse Welt Phukets werfen und den taoistischen Göttern einen Besuch abstatten, jenen Göttern, die für Gesundheit und Glück der Gläubigen zuständig sind. Direkt gegenüber lockt das kleine Geschäft **Job and Things** **3**. Ausgewählt schöne Handarbeitsstücke (Kleidung, Schmuck, Stoffwaren) gibt es hier zu angemessenen Preisen.

Yaowarath und Thalang Road

Wenn Sie nun rechterhand in die Yaowarathh Road abbiegen und die Straße überqueren, stoßen Sie direkt auf die **Rinda Gallery** **4**. Hier stellt ein Künstlerpärchen seine modernen Werke aus. Direkt daneben befindet sich das Atelier, wo auch Malkurse stattfinden. Traditionellere Arbeiten werden in der schräg gegenüberliegenden **Thai Art Gallery** **5** verkauft. Wer noch etwas zum Anziehen sucht, dem sei das **Ban Boran Textiles** **6** empfohlen.

Nun ist es an der Zeit, sich eine Pause zu gönnen, etwa im **Mian Art House** **4** in der Thalang Road, einem Café für die gebildete Jugend. Es gibt viele Bücher (alle in Thai) und sehr guten Kaffee. Gehobeneres Ambiente inmitten von Antiquitäten (vorwiegend aus Myanmar) finden sie im **China Inn Café & Restaurant** **5**.

Lust auf Museum

Wer sich für typisch asiatische Skulpturen interessiert, macht sich abschlie-

ßend noch auf den Weg in die Rasada Road und stattet dem **Soul of Asia** **7** einen Besuch ab. Diese Galerie, die sehr viele große Skulpturen ausstellt, gleicht einem Museum. Die Werke sind von außerordentlicher Qualität und entsprechend teuer. Sollten Sie Lust auf einen weiteren Museumsbesuch haben, schlendern Sie auf der Rasada Road Richtung Osten zum **Thavorn Hotel** **3**. Die Lobby des Hotels ist beeindruckend und es lässt sich erahnen, wie sich die ersten Reisenden gefühlt haben, als sie hier Station machten. Im hinteren Bereich befindet sich ein kleines, sehenswertes Museum mit Artefakten aus der Zeit der Zinnbarone.

Einen Abstecher wert ist auch das ehemalige **Hauptpostamt** **4**, das man über die Phang Nga Road und die Montri Road erreicht. Hier ist eine Briefmarkenausstellung zu sehen und vergilbte Fotos erzählen von der Geschichte der Postzustellung: mal waren die Postboten mit dem Flieger, mal in kleinen Booten unterwegs. Zurück geht es über die Talang Road, vorbei am Wahrzeichen Phukets, dem **Goldenen Drachen** **5**.

Jazzsessions

Den Tag kann man in einem der vielen guten Restaurants ausklingen lassen; am letzten Samstag des Monats sollte man die **Soi Rommanee** **1** aufsuchen, wo man bei einer Jam-Session mit den Musikern einen tollen Abend verbringen kann. Ansonsten finden an jedem Wochenende überall in der Altstadt immer wieder Jamsessions statt (achten Sie auf die Flyer). Auch an allen anderen Abenden lohnt ein Besuch in dieser kleinen Straße. Beliebt ist das **Rommanee Café & Antiques** **2** und das **Glasnost** **3**. Hier gibt es auch aktuelle Informationen, wo abends etwas los ist.

Die nördliche Andamanenküste

Der Goldene Drache, das Wahrzeichen Phukets

Sehenswertes
On On Hotel 1: 19 Phang Gna Road, Tel. 076 21 11 54.
Kwan Tang (Shrine of the Sirene Lights) 2: Phang Nga Road, Ecke Yaowarath Road, morgens bis abends.
Thavorn Hotel 3: 40/5 Chana Charon Road, Tel. 076 22 22 40, www.thavorngrandplaza.com. Tagsüber für das Publikum des Museums geöffnet.
Ehemaliges Hauptpostamt 4: Montri Road, Ecke Talang Road, Tel. 076 21 10 10, Mo–Fr 8.30–16.30, Sa, So, Fei 9–12 Uhr.

Cafés
Gallery Café 1: Rasada Road, Ecke Phuket Road, 8 Uhr bis früher Abend.
Kopi 2: Pha Nga Road, neben dem On On Hotel, 9–19 Uhr.
Siam Bakery 3: 13 Yaowarat Road, Tel. Mo–Sa 7.30–19 Uhr.
Mian Art House 4, Thalang Road, Ecke Soi Rommanee.
China Inn Café & Restaurant 5: 20 Thalang Road, Tel. 081 979 82 58, Mo–Mi 11–18, Do–Sa 11–23 Uhr.

Kunst und Kleidung
Sarasil Art Gallery 1: 121 Phang Gna Road, Tel. 076 24 45 32, 8–22 Uhr.
Wua Art Gallery 2: 95 Phang Gna Road, Tel. 08 05 42 54 00, 8–22 Uhr, www.wua-artgallery.blogspot.com.
Job and Things 3: 2/4 Phang Nga Road, Tel. 076 223 966, 9–19 Uhr wwwjobandthings.com
Rinda Gallery 4: 27 Yaowarat Road, Tel. 08 92 89 88 52, Mo–Fr 10–19 Uhr, www.rindamagicalart.com.
Thai Art Gallery 5: Yaowarat Road, gegenüber der Rinda Gallery, 9–20 Uhr.
Ban Boran Textiles 6: 51 Yaowarat Road, Tel. 076 211 563.
Soul of Asia 7: 37/39 Rasada Road, Tel. 076 21 11 22, 9–20 Uhr, www.soulofasia.com.

Live-Musik
Rommanee Café & Antiques 2: 18 Soi Romannee, 9–20 Uhr.
Glasnost 3: 14 Soi Romannee, nachmittags bis abends.

Phuket

> Wenn Sie am 13. April auf Phuket sind, dann sollten Sie sich die **Freilassung der jungen Schildkröten am Hat Nai Yang** nicht entgehen lassen. Eintritt bis 15 Uhr 200 Bt.

schäftsreisende und Urlauber mit hohen Ansprüchen. Kinder kommen im Extrapool auf ihre Kosten. Auch Reisende mit körperlichen Behinderungen sind hier bestens aufgehoben. Zum Strand fahren Shuttlebusse.

an den Stränden:

Bunt und fröhlich – **Casa Brazil:** 9 Soi 1 Luang Pho Chuain Road, Karon, Tel. 076 39 63 17, www.phukethomestay.com. DZ ohne Klimaanlage ab 15 €, mit ab 21 €. Nettes kleines Haus mit Bed & Breakfast. Die Zimmer mit Ventilator haben Balkone. Internet im Zimmer.

Direkt am Strand von Kamala – **Thai Kamala Village:** 93 Moo 3, Kamala, Tel. 076 27 97 95, www.hotel-thaikamala.com, DZ 23–60 €. Umgebautes Thai-Haus direkt am Strand. 17 klimatisierte Zimmer mit TV und Meerblick. Gutes Restaurant.

Über den Felsen – **Kata Delight Villas:** südlich von Kata an der steilen Felsküste, Tel. 076 33 06 36, www.katadelight.com, DZ 23–100 €. Schöne Bungalows und Zimmer im Haus mit Blick aufs Meer. Schnorchelplatz vor dem Felsen. Kleiner Felsenpool. Wunderbarer Blick auf die untergehende Sonne. Umweltbewusstes Management. Pool.

Phukets beste Gästehaus – **Amanta House Patong:** 5/17 Hat Patong Road, Tel. 076 29 04 01, www.amantahouse.com, DZ 28–70 €. Jedes einzelne Zimmer ist sehr ansprechend und stilvoll eingerichtet. Gartenrestaurant.

Seit Generationen bekannt – **Tropica Bungalow Hotel:** 132 Thawiwong Road, Patong, Tel. 076 34 02 04, www.tropica-bungalow.com, ab 37 €. Bereits 1986 empfing man hier Reisende. Gut ausgestattete Bungalows und zweistöckige Häuschen am Strand oder im Garten, mit Pool.

Luxus direkt am Strand – **Impiana Phuket Cabana Resort & Spa:** 41 Thawiwong Road, Patong, Tel. 076 34 01 38, www.impiana.com, ab 100 €. Das Boutique-Resort direkt am Strand ist ansprechend gestaltet in modernem Thai-Design. Spa, Pool mit Meerblick und gutes Restaurant mit Fusion-Küche.

Nachhaltiger Luxus – **Marina Cottage:** 47 Karon Road, Kata-Karon, Tel. 076 33 06 25, www.marinaphuket.com, DZ ab 130 €. Große traditionelle Bungalows auf einem Hügel.

Große Wasserlandschaft – **Print Kamala Resort:** 74/8 Moo 3, Tel. 076 38 53 96, Kamala, www.printkamalaresort.net, DZ ab 130 €. Stilvolle Hotelanlage mit großem Poolbereich. Sie haben auch Zimmer in Bungalows im schönen Garten.

Essen und Trinken

in Phuket Town:

Café und mehr – **Gallery Café** [1], **Kopi** [2], **Siam Bakery** [3], **Mian Art House** [4] und **China Inn Café & Restaurant** [5] s. S. 90–92.

Lecker Indisch – **Khanasutra** [6]: Takua Pa Road. Schönes Restaurant mit gehobener Küche, aber angemessenen Preisen. Menü ab 7 €. Mo–Sa 11–15 und 18–23 Uhr, So nur abends.

> Fahren Sie zum **Sonnenuntergang** zum **Laem Promthep**. Unterhalb des Leuchtturms finden sich allabendlich hunderte Besucher ein, um das Naturschauspiel zu bestaunen.

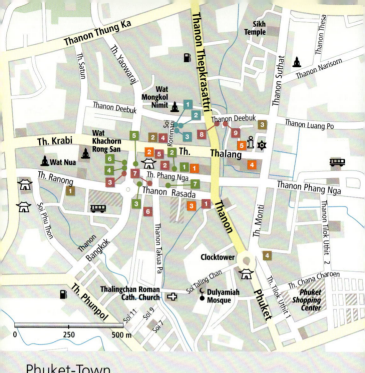

Phuket-Town

Sehenswert
1. On On Hotel
2. Kwan Tang
3. Thavorn Hotel
4. ehem. Hauptpostamt
5. Goldener Drache

Übernachten
1. Phuket Backpacker Hostel
2. Fourty-Three Gh
3. Baan Suwantawee
4. Metropole Hotel

Essen und Trinken
1. Gallery Café
2. Kopi
3. Siam Bakery
4. Mian Art House
5. China Inn Café & Restaurant
6. Khanasutra
7. Salvatore's
8. Shintaro
9. Raya Thai Cuisine

Einkaufen
1. Sarasil Art Gallery
2. Wua Art Gallery
3. Job and Things
4. Rinda Gallery
5. Thai Art Gallery
6. Ban Boran Textiles
7. Soul of Asia

Ausgehen
1. Soi Rommanee
2. Rommanee Café
3. Glasnost

Italienisch Genießen – **Salvatore's** 7: Rasada Road, Tel. 076 22 59 58. Pizza und Pasta ab 8 €, dazu ein leckerer Wein. Alteingesessener Italiener.

Mehr als nur Sushi – **Shintaro** 8: Debuk Road, 18–24 Uhr. Dieser Japaner hat eigene Séparées, Tische draußen und im klimatisierten Raum. Leckere Sushi und andere japanische Köstlichkeiten zu relativ günstigen Preisen in stilechter Atmosphäre.

Typische Küche aus Phuket – **Raya Thai Cuisine** 9: 48/1 Debuk Road, 10–23 Uhr, mittleres Preisniveau. In einem

Phuket

typischen Haus aus der Zeit der Zinnbarone werden hier ausgewählte Gerichte aus der Region angeboten. Das Haus ist auch bei Thailändern sehr beliebt.

außerhalb von Phuket Town:

Exquisite Lage – **Ratri Jazztaurant:** Kata Hill, Tel. 076 33 35 38, www.ratri jazztaurant.com, 14–1 Uhr. Das weißgetünchte, mit viel Holz gestaltete Restaurant liegt idyllisch am Hang. Ausgezeichnete Küche zu gehobenen Preisen. Live-Jazz. Abholservice bei Reservierung.

Thaitanz zum Dinner – **Old Siam Restaurant:** 128/10 Moo 3, Patak Road, Karon, Reservierung und Transportservice Tel. 076 39 60 90, 12–15 u. 18–23 Uhr, gehobene Preise. Authentische Thaiküche in klassischem Ambiente. Tanzdarbietungen Mi und So abends.

Restaurant mit Aussicht – **Baan Rim Pa:** auf den Felsen der Bucht von Kalim, Tel. 076 34 07 89, www.baanrimpa. com, 12–23 Uhr, Preis. Die tolle Aussicht komplettiert fantastisches Essen (gehobenes Preisniveau). Reservierung empfohlen. Tgl. außer Mo Live-Jazz.

Gute Thaiküche am Kamala – **Rockfish Restaurant & Bar:** 33/6 Kamala Beach Road, Tel. 076 27 97 32, www. rockfishrestaurant.com, 8–23 Uhr. Am südlichen Ende der Bucht liegt dieses ansprechende Restaurant am Hang. Gutes Seafood, gehobenes Preisniveau.

Einkaufen

… am besten in Phuket-Town, s. S. 90.

Sport und Aktivitäten

Kochen lernen – **Mom Tri's Boathouse:** Kata, Tel. 076 33 00 15, www. boathousephuket.com/cooking_class. Sa und So 10–14 Uhr (Anmeldung erforderlich) finden Thai-Kochkurse statt. Max. 10 Teilnehmern ab 54 €.

Abtauchen – **Tauchschulen** gibt es in Kata. Deutschsprachige Angebote für Anfänger, Fortgeschrittene und Schnorchler, auch Live-aboards: Calypso Divers, www.calypsophuket.com. Dive Asia, www.diveasia.com. Nautilus Divers, www.nautilus-phuket.com, Santana Diving, www.santanaphuket.com.

Abends und Nachts

Die Nacht zum Tag machen kann man wunderbar in Phuket-Town, s. S. 91, 92.

Live Musik – **Saxophone:** Andaman Bazaar, 188/2 Thawiwong Road, Patong. Jazz-, Blues-, Soul- und Funk-Bands ab 21 Uhr.

Älteste Disco am Patong – **Banana Disco:** 94 Thawiwong Road, 21–2 Uhr. Gegen Mitternacht wird es hier voll. Nach Live-Musik am frühen Abend überwiegend House.

Tanzen wie am Strand – **Seduction Disco:** Soi Happy, Bangla Road, Patong, www.seductiondiscotheque.com, 250 Bt, 21–4 Uhr. Mi Beachparty.

Show der Extraklasse – **Phuket FantaSea:** 17.30–23.30 Uhr, Tel. 076 38 51 11, www.phuket-fantasea.com, Eintritt 1100 Bt, Dinner u. Show 1600 Bt. Nahe des Kamala-Strandes. Shopping, Artisten und Schausteller, Essen und als Abschluss die sehenswerte Show »Fantasy of a Kingdom«. Beginn 21 Uhr.

Die Strände

Die tollsten und bei Touristen beliebtesten Strände befinden sich im Westen der Insel. Dazu zählen **Hat Kata**, **Hat Karon**, **Hat Patong**, **Kamala** und **Hat Nai Yang**. Die Strände an der Ostküste, z. B. Chalong, sind sehr flach und zum Schwimmen nicht geeignet. Allen Stränden ist gemein, dass der schneeweiße Sand bei Sonne so viel Licht reflektiert, dass ohne Sonnenschirm kein Urlauber länger als eine halbe Stunde verweilen kann – oder besser sollte. Überall stehen Sonnenliegen und Schirme, die man preiswert mieten kann.

95

Die nördliche Andamanenküste

Hat Kata (Kata Noi, Kata Yai, Kata-Karon) und Hat Karon: An der Westküste liegt die Doppelbucht Hat Kata. **Kata Noi** präsentiert sich in der heißen Jahreszeit schön und sauber. In der Regenzeit ist mit gefährlichen Strömungen zu rechnen. Am **Kata Yai** können Sie immer ins Meer gehen. Schnorchler und Tauchanfänger erfreuen sich an einem kleinen Korallenriff und im September kommen die Wellenreiter voll auf ihre Kosten. Leider sind hier Skooter unterwegs. Weiter nördlich liegt **Kata Karon**, gefolgt von **Hat Karon** an. Diese Strände sind etwa 3 km lang und sehr breit. Der Norden wird durch eine Lagune und Felsen begrenzt. An den Strandstraßen und dahinter reihen sich Geschäfte, Unterkünfte und Restaurants aneinander.

Hat Patong: Patong ist der bekannteste Strand Phukets. Er ist weit geschwungen und ca. 3 km lang, der Sand weich und weiß. Hier kann man herrlich Baden, Windsurfen oder Fallschirmsegeln. Wer allerdings touristische Einrichtungen nicht mag und lediglich Entspannung unter Palmen sucht, ist hier falsch.

Berühmt-berüchtigt ist Patong für sein Nachtleben, vor allem auf der Soi Bangla, wo sich Barmädchen den meist männlichen Gästen widmen. Am auffälligsten sind sogenannte *kathoey*: Männer, die sich zu Frauen haben umstylen lassen. Für viele weibliche Besucher sind die Shoppingcenter das wahre Paradies von Patong. Es gibt zahllose große und kleine Geschäfte.

Kamala

Die Bucht und das muslimische Dorf **Ban Kamala**, das in den Weihnachtstagen 2004 vom Tsunami zerstört wurde, ist nach dem Neuaufbau mit Kleinhotels, Souvenirshops und Restaurants für Touristen bestückt. Ein **Tsunami-Denkmal** gedenkt der Opfer der Riesenwelle. Kamala ist vor allem bei Familien und Langzeitreisenden beliebt. Eine schöne Möglichkeit am Meer zu liegen und zu baden, bietet der nahegelegene **Hat Laem Sing**.

In den Shows der Phuket FantaSea treffen Tradition und Las-Vegas-Flair aufeinander

Hat Nai Yang

Im Nordwesten, ca. 2 km vom Flughafen entfernt, liegt unter schattenspendenden Kasuarinen dieser schöne Badestrand. Liegestühle und Schirme sind nur vereinzelt zu finden. Das Meer eignet sich das ganze Jahr über zum schwimmen. Der **Had Sirinath Marine National Park** schützt einen Teil der Bucht und damit die Bestände des Kasuarinenwaldes und der Mangroven sowie ein kleines Korallenriff und die Meeresschildkröten (Leder-, Bastard- und Echte Karettschildkröte), die hier ihre Eier ablegen.

Infos und Termine

Touristeninformation: 191 Thalang Road, Phuket-Town, Tel. 076 21 22 13, www.tourismthailand.org, 8.30–16.30 Uhr. Viele Informationen, viele Karten, Prospekte und Werbezeitschriften.

Tourist Police: Chalerm Kiat Road, westlich von Phuket-Town, Tel. 076 35 50 15, Notruf 1155. Am Patong, Thawiwong Road nördlich der Einmündung der Bangla Road, Mo–Fr 10–16 Uhr.

Chinesisches Neujahr: Neumondtag, zwischen dem 21. Jan. und dem 19. Feb., Knallfrösche und Prozessionen.

Chinesisches Vegetarian Festival: 9 Tage alljährlich im Oktober. Junge kampfbereite Männer bohren sich scheinbar allerlei Spieße durch's Fleisch. Und doch ist kein Blut zu sehen. Laute Chinaböller explodieren und hüllen die Straßen in dichten Nebel. Den genauen Termin erfahren Sie ab März bei der Touristeninformation.

Krankenhäuser: Bangkok Hospital Phuket: 2/1 Hongyok Uthit Road, Tel. 076 25 44 25, Notruf 1719, www.phukethospital.com. Englisch-, teilweise auch deutschsprachiges Personal. Internationaler Standard. Zentrum für Tauchmedizin. Phuket International Hospital: 44 Chalerm Phra Kiat Road, Tel. 076 24 94 00, Notruf 076 21 09 35, www.phuket-international-hospital.com. Neben klassischer Schulmedizin auf internationalem Standard gibt es auch Anwendungen nach asiatischen Heilmethoden.

Verkehr: Zu nahezu allen Stränden kommen Sie bequem mit dem **Taxi**. Zudem fahren tagsüber Inselbusse zu den Hauptstränden. Diese kosten unter 1 € und starten in der Rasada Road. Phuket wird mehrmals tgl. von nationalen und internationalen Flughäfen angeflogen, Phuket International **Airport**, Information Tel. 076 32 72 30. Vom **Busbahnhof** in Phuket Town, Tel. 076 21 19 77, tgl. Busse nach Bangkok, Chumphon, Surat Thani (Weiterfahrt mit dem Boot nach Ko Samui, Ko Pha Ngan, Ko Tao), Khao Sok, Ko Lanta und Krabi. Es gibt **Minibusse** vom Flughafen nach Phuket-Stadt und nach Patong, Kata oder Karon. Zudem fährt ein Airportbus, www.airportbusphuket.com, mehrmals tgl. über Nai Yang und Thalang nach Phuket-Stadt bis zum Bus-Terminal. **Busse** verkehren zudem aus Phuket-Stadt zu den Stränden. Es gibt keine Busverbindung zwischen den Stränden; hier fahren **Songthaews** und **Taxen**. **Boote** fahren vom Rasada Pier nach Ko Phi Phi, Krabi und Ko Lanta.

In der Umgebung

Khao Phra Taeo Wildlife Park: Die letzten 2228 ha tropischen Regenwaldes der Insel sind geschütztes Gebiet. Hier leben u. a. viele Vogelarten, Makaken und Wildschweine; es heißt, auch Malaienbären seien in Khao Phra Taeo noch zuhause. Zwei Wasserfälle sind vor allem nach der Regenzeit ein lohnenswertes Ziel: der **Tone-Sai-** und der **Bang Pae-Wasserfall**. Wer richtig wandern möchte, findet Führer bei Siam Safari Nature Tours (www.siamsafari.com, 200 Bt Nationalparkgebühr).

Die südliche Andamanenküste

Krabi und Umgebung

▶ C 8/9

Die Region von Krabi ist berühmt für die Karstfelsen und einige schöne Strände. Darunter vor allem die weit geschwungene weiße Sandbucht von **Rai Leh**, `direkt 13|` S. 99. Aber auch die nahe der kleinen Provinzhauptstadt Krabi-Stadt gelegene Ao Nang und Nopphorat Thara haben ihren Reiz.

Krabi-Stadt

In Krabi-Stadt geht es beschaulich zu. Es gibt einen schönen Nachtmarkt am Hafen mit leckerem und preiswertem thailändischen Essen; hier können Sie günstiger wohnen als direkt am Strand.

Ao Nang und Hat Nopphorat Thara

Dieser breite Strand ist der touristisch am weitesten entwickelte der Region; viele Pauschalurlauber kommen hierher. Der nördliche Abschnitt ist der schönste. Wenige Meter nördlich von Ao Nang beginnt der Strand Nopphorat Thara. Das Wasser ist an diesem bei den Einheimischen beliebten Strand sehr flach und so tummeln sich hier viele Kinder. Ganz im Westen lockt ein Kasuarinenwald zum Picknick.

Übernachten

Ruheoase in der Stadt – **Chanchalay Guesthouse:** 55 Uttarakit Road, Tel. 075 62 09 52, www.chanchalay.com. 5–9 €. Die kleinen, einfachen, aber geschmackvollen Zimmer (mit und ohne Klimaanlage) strahlen einen Hauch mediterranen Urlaubsgefühls aus. Besonders die Zimmer im Innenhof mit Veranden zum kleinen Garten sind empfehlenswert.

Mit Stil am Ao Nang – **Ao Nang Cozy Place:** 420/16-17 Moo 2, Tel. 075 69 56 16, www.aonangcozyplace.com, 45–75 €. Kleines modernes Boutique-Hotel, etwa 10 Min. Fußweg vom Strand, Safe, TV und Badewanne.

Die erste Anlage der Provinz – **Krabi Resort:** 232 Moo 2, Tel. 075 63 70 30, www.krabiresort.net, 16–170 €. Einst standen an dem schönen Strandabschnitt im Norden des Ao Nang noch einfachste Bambushütten – es waren die ersten der gesamten Region. Heute locken luxuriöse Bungalows und Hotelzimmer die Reisenden. Toller Garten, schöner Pool.

Essen und Trinken

Hauchdünne Pizza – **La Panza:** Old Chao Fah Pier, Krabi-Stadt, Tel. 08 94 72 73 21. Recht niedrige Preise für die gebotene gute italienische Küche. Spezialität sind die Pizzen.

Leckeres Seafood – **Ao Nang Cuisine:** 9–23 Uhr, letzte Bestellungen ca. 22.30 Uhr. Das Restaurant ist das älteste am Strand und ist bekannt für seine leckeren Meeresfrüchte.

Seaks vom Feinsten – **Carnivore:** 127 Moo 3, Tel. 075 66 10 61, www.carnivore-thailand.com 11.30–22.30 Uhr. Nicht nur Steakliebhaber, ▷ S. 102

13 | Relaxen am Rai Leh, Klettern am Ton Sai – Strandleben in Krabi

Karte: ▶ C 9 | **Detailkarte:** S. 101 | **Anreise:** Longtailboote vom Rai Leh und von Krabi-Stadt sowie vom Ao Ton Sai zum Ao Nang

Träumen Sie auch von einem malerisch weißen Strand vor der Kulisse bezaubernder Karstfelsen? Würden sie gerne einmal in den Felsen klettern und diese Welt von oben betrachten? Dann besuchen sie die Bucht von Rai Leh und Ao Ton Sai.

Der beliebte Strand Rai Leh wird durch Kalksteinfelsen vom Festland abgetrennt. Die Landzunge selbst teilt sich in die Bereiche Ost und West. Mangroven bestehen den **östlichen Rai Leh** 1. Baden kann man hier zwar nicht, doch nach nur ca. 5 Min. Fußweg ist der wunderschöne **Rai Leh West** 2 erreicht. Hier gibt es feinen weißen Sand, das Meer fällt flach ab und keinerlei Steine oder Korallen stören das Badevergnügen. Eine Postkartenidylle – der Strand präsentiert sich in aller Schönheit und die umliegenden Karstfelsen tragen das ihre zur beeindruckenden Kulisse bei.

Die Kletterbucht Ao Ton Sai

Nur wenige Meter über die Felsen oder ein halbstündiger Fußmarsch durch die Berge trennen Rai Leh West und **Ao Ton Sai** 3. Diese Bucht hat einen steinigen Strand, doch dies stört die Besucher wenig. Die meist jungen Kletterer aus aller Welt liegen nicht am Strand, sondern hängen im Fels. Direkt neben den einfachen Hütten ragen die Karstfelsen empor und wer auch nur den Hauch einer Kletterveranlagung in sich trägt, wird das Kribbeln in den Fingern spüren …

Hier können Sie erste Erfahrungen sammeln oder, sofern Sie bereits Kletterer sind, tolle Routen erkunden. Allmorgendlich brechen die Kletterer auf und kehren in den Abendstunden müde und glücklich vom Fels zurück. Dann wird etwas gefeiert und in einer für Neulinge unverständlichen Sprache gesprochen: Vielleicht können Sie ja bald mitreden, wenn es um ›abseiling‹, ›multipitch‹ oder ›deep water soloing‹ geht.

Die südliche Andamanenküste

Die Steilwände und Höhlen der Karstfelsen der Region bieten nahezu 300 abgesteckte Routen. Die Schwierigkeitsgrade zwischen 4 bis 9 A eignen sich für Anfänger und Fortgeschrittene. Es gibt vor Ort Bücher mit Routenbeschreibungen, doch sollte man sich unbedingt von Ortskundigen einweisen lassen. Angeboten werden auch Multipitch- und Rescue-Kurse. Beim ›deep water soloing‹ lässt man sich vom erkletterten Felsen ins Meer fallen.

Reisezeit

Die Übernachtungen am Rai Leh West sind teuer, am Rai Leh Ost finden sich günstigere Unterkünfte. Am Ao Ton Sai sind die Hütten meist einfach, aber zur Hauptsaison (Nov.–April) dennoch recht teuer. Bis in den Oktober ist das Wetter jedoch meist noch gut genug für einen Strandurlaub. Zum Klettern können Sie das ganze Jahr kommen.

Kosten und Sicherheit

Halbtageskurse ab 20 €. Tageskurse etwa das Doppelte. Ein privater Guide kostet 70 €/4 Std. Bitte achten Sie auf gute Ausrüstung und nehmen Sie bei fraglichem Zustand derselben nicht an der Kletterpartie teil. Wem unterwegs Zweifel kommen, sollte die Tour abbrechen. Zudem sollte man nach dem Versicherungsschutz der Schule fragen.

Resorts der Ruhe und Erholung

Banyan Tree Resort [1]: Ao Ton Sai, im Hinterland, 8–20 €. Die schönsten Bungalows dieser Anlage stehen weit oben am Hang. Hier ist ihr Balkon so weit über dem Boden, dass Sie direkt auf die Felsen blicken. Strom von 18–6 Uhr, der Generator stört.

Railay Garden View Resort [2]: Im Osten von Rai Leh Ost, Tel. 08 58 88 51 43, www.railaygardenview.com, 15–25 €. Schöne Bungalows im Hang aus Holz und Bambus. Geschmackvolle Einrichtung mit vielen Naturmaterialien. Alle Zimmer mit Ventilator. Große Veranden mit Blick aufs Meer.

Dream Valley Resort [3]: Ao Ton Sai, im Hinterland, Tel. 075 66 07 27, www.dreamvalleyresortkrabi.com, 20–70 €. Unten einfache Mattenhütten mit Ventilator, dahinter etwas bessere aus Holz und noch weiter oben am Hang – mit tollem Blick in die Berge – gut ausgestattete klimatisierte Bungalows mit TV.

Sunrise Tropical Resort [4]: Rai Leh Ost, Tel. 075 81 94 18, www.sunrisetropical.com, 50–150 €. In Bungalows und im zweigeschossigen Haus werden angenehm spartanisch möblierte Zimmer angeboten. Pool mit abgetrenntem Kinderbereich. Spa. Ruhig, mit viel Grün.

Tonsai Bay Resort [5]: Ao Ton Sai, Tel. 075 63 72 34, www.tonsaibayresortkrabi.com, ab 23 €. Steinbungalows mit Klimaanlage und TV. Einige als Reihenhaus konzipiert. Kein Generatorenlärm. 24 Std. Strom (bei geringer Belegung wird er tagsüber auch mal ausgestellt).

Railay Bay Resort & Spa [6]: Tel. 075 62 25 70, www.krabi-railaybay.com, ab 70 €. Die Anlage zieht sich über die gesamte Landzunge, die Rai Leh Ost und West trennt. Bungalows und gut ausgestattete Zimmer im Haupthaus. Zwei Pools. Geldautomat, Minimarkt und Kajakverleih.

Shows und Cocktails

Freedom Bar [1]: Diese Bar lockt allabendlich Kletterer zum Austausch. In der Hauptsaison gibt es Feuershows.

Small World Bar [2]: Die schöne Bar befindet sich im Hinterland des Ao Ton Sai. Tagsüber Kaffee, Tee und Shakes, abends Cocktails und Bier. In der Hauptsaison allabendliche Feuershow.

13 | Strandleben in Krabi

Einen Ausflug wert

Sehenswert ist die **Tham Phra Nang Nai 4 (Diamanthöhle)** 4. Sie befindet sich auf dem Weg zur berühmten **Tham Phra Nang** 5 (Prinzessinnenhöhle, am Südende des Hat Phra Nang). In der Diamanten-Höhle glitzert und funkelt es, in der Prinzessinnen-Höhle wird ein phallusförmiger Felsen verehrt. Der kleine Strand **Hat Phra Nang** 6 ist wunderschön, doch wird er von Tagesausflüglern regelrecht überschwemmt – vor allem am Wochenende und in den thailändischen Ferien.

Kletterschulen

King Climbers 1: Rai Leh Ost, Tel. 075 66 20 96, www.railay.com (im Ya Ya Resort). In über zehn Jahren hat sich diese Schule einen guten Ruf erarbeitet. Kurse auch für Kinder ab 5 J.
N Joy Rock Climbing 2: Rai Leh Ost (neben Diamond Cave Resort). Ausrüstung und Einweisung in die Umgebung für geübte Kletterer, zudem Anfänger- und Fortgeschrittenenkurse. Auch Multipitch-Kurse.
Tex Rock Climbing 3: Rai Leh Ost, Tel. 08 18 91 15 28. In der ersten Kletterschule Krabis mit einer nun über 20-jährgen Erfahrung lernen Sie klettern, können sich das nötige Equipment ausleihen und sogar ihre Schuhe flicken lassen.
Hot Rock 4: In den Shopping Arcaden am Rai Leh West, Tel. 075 62 17 71, www.railayadventure.com. Kinder lernen hier ab 7 J.
Ton Sai Rock 5: Ao Ton Sai (am Banyan Tree Resort). Kurse und Touren, zudem ein netter Souvenirshop.
Wee's Climbing School 6: Ao Ton Sai im Hinterland, www.weesclimbingschool.com, 8–22 Uhr. Gute Kurse und Extravaganzen wie Sonnenuntergangsklettern und Deep Water Solo.
Climbers Special 7: hinter Wee's Climbing, 9–24 Uhr. Spezielle Massagen für die vom Klettern strapazierten Muskeln.

Die südliche Andamanenküste

auch Fans von Lamm und Rindfleischgerichten sind hier richtig. Und wer lieber Fisch isst, kommt auch nicht zu kurz.

Verkehr
Nahverkehr: Songthaews fahren den ganzen Tag bis in die frühen Abendstunden zum Ao Nang und zum Noppharat Thara. Wenn nicht genug Mitfahrer gefunden werden, kann die Fahrt teuer werden. Zudem verkehrt tagsüber auf der Strecke Ao Nang–Krabi-Stadt (Flughafen) ein Flughafenbus: Infos über Abfahrtzeiten haben die Resorts.
Minibusse und Überlandbusse: Minibusse ab Hotel/Resort fahren nach Bangkok, Khao Lak, Khao Sok, Phuket (Stadt, Flughafen, einige Strände) und Surat Thani. Diese Ziele werden auch ab Krabi-Stadt von großen Überlandbussen angefahren.
Joint Tickets: Kombitickets für Minibus und Boot gibt es für die Ziele Ko Samui, Ko Pha Ngan und Ko Tao.

Die **Karstfelsen**, die die Regionen um Khao Sok, die Phang Nga-Bucht (direkt 14 S. 103) und Krabi prägen, sind Resultat einer langen geologischen Geschichte: Vor etwa 345 Mio. Jahren wurden Korallenriffe durch Erosion mit Sediment überdeckt. Es dauert etwa 280 Mio. Jahre (in denen das Sedimentgestein zu harten Fels geworden war), bis die Gegend in Bewegung kam: Als die indische Erdplatte sich unter die asiatische schob, wuchsen die Berge in die Höhe. Zugleich sank der Meeresspiegel.

Boote: In der Saison fahren tgl. mehrmals Boote nach Ko Lanta und Ko Phi Phi (Nebensaison seltener). In der Saison fährt zudem ein Boot nach Phuket.
Flugzeug: Flughafen, Tel. 075 63 65 41, 20 km nördlich der Stadt; tgl. Flüge nach Bangkok und Ko Samui.

An Traumbuchten ist in der Umgebung von Krabi kein Mangel

14 | Bizarre Felsen – mit dem Kajak durch die Phang Nga Bay

Karte: ▶ B 8, **Karte 2:** C 1/2

Sanft gleitet das Boot durch die Höhle, vorbei an bizarren Felsformationen. Entdecken Sie im Kajak eine der schönsten Küsten der Welt.

Gegen 12 Uhr werden die Teilnehmer vom Hotel in Phuket abgeholt und zum Pier in **Ao Po** 1 gefahren, wo das Boot wartet. Bevor es an Bord geht, werden alle noch von einem Fotografen abgelichtet; später wird das Foto zum Kauf angeboten. Und nun startet die Reise. Unterwegs gibt es Getränke und leckere Früchte – und einen sehr unterhaltsam gestalteten Überblick über das, was Sie in den nächsten Stunden erwartet. Nach etwa einer Stunde ist die erste Insel erreicht. Hier befahren Sie ihren ersten Hong. Hong bedeutet Raum, also in diesem Zusammenhang ein Raum im Fels, Felshöhle.

Die Kajaks werden zu Wasser gelassen, der Guide hilft beim Einstieg und los geht die Fahrt. Entspannt sitzen Sie im Boot und haben Zeit, die Natur zu bestaunen. Durch einen Kanal erreichen Sie das Innere eines Kalksteinfelsens, dessen Klippen hoch aufragen; es ist so still, dass man nur den eigenen Atem hört. Leise schwappt das Wasser an den Fels, ein Vogel fliegt auf und sein Flügelschlag wird begleitet von einem freudigen Schrei. Es folgen im Laufe des Tages weitere Besuche in verschiedenen Hongs; bei einigen benötigt man eine Taschenlampe, denn die Zufahrt ist dunkel. An den Decken hängen Fledermäuse und warten auf den Abend. An manchen Stellen muss man sich flach ins Boot legen, da die Zufahrten sehr niedrig sind. Zwischendurch können die Teilnehmer das Paddel selbst in die Hand nehmen und ungefährliche Stellen der Bucht erkunden.

Das Lichterfest
In den frühen Abendstunden werden

Die südliche Andamanenküste

alle Teilnehmer kreativ: Es gilt, ein schwimmendes Blumenboot zu bauen. Dieses traditionelle Gebinde setzen die Thailänder normalerweise am Loy-Krathong-Fest aufs Wasser – hier haben Sie das ganze Jahr über die Möglichkeit, an diesem wunderbaren Schauspiel teilzunehmen.

Nachdem die Gestecke fertig sind, gibt es zum meist grandiosen Sonnenuntergang ein sehr gutes Essen: riesige Shrimps, leckerer Fisch, scharfe Suppen, Salate und Gebratenes.

Die Dunkelheit ist hereingebrochen, Zeit für die letzte Fahrt. Alle Taschenlampen sind ausgeschaltet. Nun werden die Kerzen entzündet und die Blumengestecke ins Wasser gelassen. Idyllisch treiben Sie dahin und jeder Teilnehmer darf sich etwas wünschen.

> **Übrigens:** Eine Tour mit dem Kajak ist nicht nur etwas für Sportliche. Meist wird nicht selbst gepaddelt, sondern ein Bootsführer übernimmt diesen Job. Die Wege sind teils eng und flach, so dass ein Ortskundiger vonnöten ist. Wer selber paddeln will, bekommt immer wieder die Möglichkeit dazu.

Selbstverständlich sammelt die Crew alle Gestecke wieder ein, denn die Natur soll so hinterlassen werden, wie sie vorgefunden wurde.

Jetzt geht es zurück an den Pier. Hier warten Einheimische, die die zu Beginn der Tour gemachten Fotos verkaufen (200 Bt).

Veranstalter
John Gray's Sea Canoe: 124 Soi 1, Yaowarat Road, Phuket-Stadt, Tel. 076 25 45 05, www.johngray-seacanoe.com. Trotz zahlreicher etwas billigerer Anbieter hat sich John Gray, der Pionier dieser Touren, behaupten können. Der Grund ist die Qualität und die Umweltverträglichkeit seiner Touren. Ein weiteres Plus: Der Ausflug startet mittags, wenn die meisten anderen Boote bereits zurückkehren. So lässt sich die Bucht fern vom Massentourismus erkunden. Die Boote von John Gray sind in gutem Zustand, das Team perfekt aufeinander eingespielt, es gibt sehr gutes Essen und ebenso wichtig: keine Massenabfertigung. Die Tour »Hong by Starlight« kostet um die 50 €.

Tipp
Der Veranstalter stellt wasserdichte Taschen für Badesachen und Sonnenschutz zur Verfügung. Nehmen Sie so wenige Wertsachen wie möglich mit, lediglich etwas Geld für das Erinnerungsfoto, das nach der Fahrt zum Kauf angeboten wird. Für Verpflegung ist gesorgt.

Ko Phi Phi ▶ C 9

Die wunderschöne Insel Ko Phi Phi südöstlich von Phuket war in den 1990er-Jahren noch ein Geheimtipp – bis sie als Drehort des Filmes »The Beach« mit Leonardo Di Caprio im Jahr 2000 mit einem Schlag Weltruhm erlangte. Gleichsam über Nacht vervielfachte sich die Zahl der Besucher; hunderte Ausflugsboote luden täglich tausende Touristen ab. Der Tsunami 2004, bei dem allein auf dieser kleinen Insel über 700 Menschen starben, riss dann in wenigen Minuten all die Bausünden hinfort, die zur Befriedigung der Bedürfnisse dieser Menschenmassen oft lieblos aneinandergereiht wurden – nur um Platz zu schaffen für die nächste Investment-Runde: Heute ist wieder kaum ein bebaubares Fleckchen ungenutzt und die Insel ist ein Top-Ziel für alle, die nach Remmi-Demmi in großartiger Umgebung suchen.

Paradies von oben: Lohnend ist ein Aufstieg zum »Viewpoint«: Am nordöstlichen Dorfrand beginnt ein mit Betonstufen versehener Weg, der in 20 Minuten zu einem Aussichtspunkt führt, von dem man einen tollen Blick über die Landzunge hat.

Ko Phi Phi Don

Die Hauptinsel Ko Phi Phi Don besteht aus zwei steil aufragenden Kalksteinmassiven, die durch eine schmale Landzunge verbunden sind. Zwei lange Sandbuchten säumen diese; **Ao Ton Sai** im Süden und **Ao Lo Dalam** im Norden. Während Ao Ton Sai wegen des hohen Verkehrsaufkommens (hier landen die Ausflugsboote) nur an den äußeren Rändern zum Baden geeignet ist, kommen Strandliebhaber am **Ao Lo Dalam** (auch Back Bay genannt) voll auf ihre Kosten. Ruhesuchende

Ko Phi Phi ist leider längst kein Geheimtipp mehr

Die südliche Andamanenküste

zieht es allerdings in einige kleinere Buchten an der Ostseite der Insel, wo recht hochpreisige Resorts Luxus und Entspannung garantieren. Der **Hat Yao (Long Beach)** im Südosten der Insel bildet einen Kompromiss: gut erschlossen und belebt, aber abseits des ganz großen Trubels.

Tagestour in die Umgebung

Phi Phi und die Nachbarinseln bergen eine fantastische Welt über und unter Wasser. Auf einem Tagesausflug, der an jeder Ecke angeboten wird, lassen sich die Highlights bequem entdecken. Die südliche Schwesterinsel **Ko Phi Phi Le** erhebt sich so steil aus dem Meer, dass es hier keine Unterkünfte gibt. Die dortige **Maya Bay**, Drehort von »The Beach«, ist wohl das wohl beliebteste Ausflugsziel weit und breit. Im Rahmen der Tour wird auch die **Viking Cave** besucht; deren Felszeichnungen zeigen allerdings keine Wikinger-Boote, sondern chinesische oder portugiesische Schiffe. Schließlich lockt noch **Bamboo Island** mit einem schönen Strand und guten Schnorchelrevieren.

Übernachten

Stilvoll und mittendrin – **Marine House:** Ban Laem Trong, Tel. 08 77 14 56 83, www.marinehousephiphi.com, 25–30 €. Wer nicht unbedingt am Strand wohnen möchte, findet in diesem geschmackvoll gestalteten kleinen Gasthaus eine gute Alternative zu den gesichtslosen Standardzimmern in der Umgebung.

Familientauglich – **Paradise Resort:** Hat Yao, Tel. 08 19 68 39 82, www.paradiseresort.co.th, 20–50 €. Bungalows für 2–4 Pers. in einer großen Anlage, in der Bäume Schatten spenden. Direkt am Long Beach.

Der Name ist Programm – **Relax Beach Resort:** Ao Pak Nam, Tel. 08 10 83 01 94, www.phiphirelaxbeach.com, 30–100 €. Romantische Bambusbungalows als Erinnerung an längst vergangene Travellertage und höherpreisige Steinhäuser direkt am Strand: Wer in diese nur per Boot zugängliche Bucht zieht, sucht (und findet) vollendete Entspannung.

Zur schönen Aussicht – **View Point Resort:** Ao Lo Dalam, Tel. 075 62 23 51,

Am Klong Khong Beach auf Ko Lanta

Ko Lanta

www.phiphiviewpoint.com, 30–100 €. Diese Anlage zieht sich vom Strand den Berghang hinauf und von den oberen Bungalows hat man einen wundervollen Blick über die Bucht. Unterschiedliche Zimmer vom Ventilator-Bungalow bis zum Thai-Haus.

Essen und Trinken

Seafood am Strand – **Chao Koh Restaurant:** Ban Laem Trong. Das Meeresfrüchte-Restaurant mit tollem Blick über die Ao Ton Sai ist zwar recht teuer, bietet aber seit Jahren eine konstant gute Qualität.

East meets West – **Le Grand Bleu:** Ban Laem Trong. Dieses kleine, aber feine Restaurant verbindet Thaiküche und europäische Elemente. Nur abends ab 18.30 Uhr. Mittleres Preisniveau.

The place to be – **Hippies Bar & Restaurant:** Ao Ton Sai. Am Strand unter Bäumen gelegenes Lokal mit günstiger Travellerküche (Pizza, Pasta, Thai-Food), dazu abends Feuershows und Parties. Einer der In-Plätze auf Ko Phi Phi.

Live-Musik und mehr – **Rolling Stoned Bar:** Ban Laem Trong. Frei sein, dabei sein: Hier feiert die Jugend der Welt, als gäbe es kein Morgen. Preiswert!

Boxen und Bier – **Reggea Bar:** Ban Laem Trong. Trotz des Namens liegt die Betonung hier eher auf dem Alkohol (preiswert) als auf der Musik. Das passt atmosphärisch auch sehr viel besser zu den wilden, lauten Thai-Boxkämpfen, die hier abends ab 22 Uhr ausgetragen werden.

Verkehr

Ko Phi Phi ist tgl. mit mehreren regulären Fähren und Dutzenden Ausflugsbooten von Phuket, Krabi und Ko Lanta aus zu erreichen.

Ko Lanta ▶ C 9

Die Doppelinsel Ko Lanta liegt im gleichnamigen Archipel und Nationalpark. Beliebt bei Touristen ist **Ko Lanta Yai**, die ca. 27 km lang und nur ca. 4 km breit ist. Tagsüber locken herrliche Strände und am Abend gibt es Sonnenuntergänge zu bestaunen. **Ko Lanta** ist etwas für Ruhesuchende und Familien. Der Besucher erholt sich am Strand oder erkundet den Dschungel, wandert zur **Tigerhöhle** (Tham Sua) oder zur **Diamantenhöhle** (Tham Khao Mai Kaeo).

Die Strände

Hat Klong Dao lockt vor allem Familien mit hellem weißen Sand. Das Wasser fällt flach ab und eignet sich gut zum Schwimmen. Am **Hat Phra Ae**, auch Long Beach genannt, wird das Wasser hingegen schnell tief. Der Strand ist mit Kasuarinen bestanden und noch relativ wenig bebaut. Schnorchler finden optimale Bedingungen am **Hat Klong Khong**. Ganz im Süden befindet sich sehr schöne **Hat Klong Nin**, der immer weiter erschlossen und ausgebaut wird.

Die südliche Andamanenküste

Die Bewohner

Der Archipel besteht aus über 50 kleinen Inseln, von denen nur drei bewohnt sind. Einst gehörte das Gebiet den Seenomaden, heute sind etwa noch 1 % der 20 000 Einwohner Nachkommen dieses Chao Leh genannten Volksstammes. Etwa 4% der Einwohner sind Buddhisten, knapp 96% muslimischen Glaubens.

Reisezeit

Von Oktober bis Mai lockt in Ko Lanta gutes Wetter. Im Oktober regnet es i.d.R. noch ein wenig an der Ostküste.

Übernachten

Einfach relaxen direkt am Strand – **Hans Bungalow:** Hat Klong Dao, Tel. 075 68 41 52, www.krabidir.com/hansrestaurant. Bungalows mit Ventilator ab 7 €. Familiäre Atmosphäre. Die einfachen sauberen Bungalows liegen hinter dem angeschlossenen Restaurant. Am Abend oft BBQ.

Resort direkt am Strand – **Thai House Beach Resort:** Hat Prah Ae, Tel. 075 68 42 89, www.thaihousebeach resort.net, Bungalow ab 8 €, Holzhäuser mit Klimaanlage ab 25 €. Einfache Bambushütten im schattigen Garten 30 m vom Strand entfernt. Mehr Luxus bieten Zimmer mit Klimaanlage. Guter und schneller Service. Schönes Restaurant am Strand.

Hier stimmen Preis und Stimmung – **Andaman Sunflower Resort:** Hat Phra Ae, Tel. 075 68 46 68, ab 12 €. Sehr schöne, begrünte Anlage mit einfachen, sauberen Bungalows, nur etwa 100 m vom Strand entfernt. Freundliche Atmosphäre.

Nah am Strand – **Lantawadee Resort & Spa:** Hat Prah Ae, Tel. 075 68 47 20, www.lantawadeeresortandspa. com, einfache Bungalows ab 14 €, mit Klimaanlage ab 22 €. Das familiäre Resort besticht mit urigem Ambiente. Die Hütten sind mit vielen Naturmaterialien gestaltet. Der verwunschene Garten komplettiert das wunderbare Gefühl, an einem ganz besonderen Ort zu sein.

Luxus direkt am Strand – **Twin Bay Resort:** Ko Kwang Beach, Tel. 075 66 82 77, www.twinbaylanta.com. Bungalow ab 70 €. Schöne Anlage mit viel Grün und einer riesigen Poollandschaft inkl. Kinderpool.

Luxus inmitten kambodschanischer Gottheiten – **Lanta Sand Resort & Spa:** Hat Prah Ae, Tel. 075 68 46 33, www.lantasand.com. Bungalows in de Nebensaison ab 70 €, in der Hauptreisezeit ab 220 €. Schöne Luxus-Anlage direkt am Strand. Geschmackvoll gestaltete Zimmer, elegantes Design, auch in den offenen Badezimmern. Zwei schöner Pools. Kleinkinderspielplatz.

Essen und Trinken

Günstig und authentisch – **Banana Leaf Restaurant & Bar:** Hat Klong Dao, 9 bis ca. 22 Uhr. Günstige thailändische Küche direkt am Strand; die Bar öffnet abends.

Leberwurstbrote – **German Bakery:** Hat Klong Dao, 7–18 Uhr. Neben zahlreichen Brotsorten gibt es auch leckeren Kaffee und deutschen Kuchen.

Leckere Pizza – **Mr. Wee Pizzeria:** Hat Phra Ae, Tel. 08 12 75 95 01, 9–22 Uhr. Gute Pizzen zu fairen Preisen und alles direkt am Strand.

Sport und Aktivitäten

Kochen und wohnen direkt am Strand – **Time For Lime:** im Süden des Kat Klong Dao, Tel. 075 68 45 90, www.timeforlime.net. In wunderschöner Umgebung offeriert diese Schule tgl. von 16.30–21 Uhr sehr empfehlenswerte Kurse für 42 €. Wer mehrere Tage bucht (tgl. werden unterschiedliche Gerichte gekocht), zahlt weniger pro Tag. Die

Ko Lanta

Schule gehört zu einem Resort, in dem es schöne Zimmer bereits ab 16 € (mit Ventilator) und Zimmer mit Klimaanlage und Kinderbett ab 20 € zu mieten gibt.

Bootstour durch Mangroven – **Lanta Villager Eco Tourism:** Tel. 08 95 90 91 73. Mit dem Longtail-Boot geht es durch einen intakten Mangrovenwald an der Ostküste Ko Lantas und zu einer kleinen Kalksteinhöhle.

Tauchen und schnorcheln – Die Unterwasserwelt rund um Ko Lanta ist sehenswert und so gibt es einige Tauchschulen, die Kurse und Tauchtrips veranstalten. Alle Tauchschulen befinden sich in Ban Saladan, bei Buchung wird man im Resort abgeholt. Empfehlenswert sind **Lanta Diver**, www.lantadiver.com, **Lanta-Diving-Safaris**, www.lanta-diving-safaris.com und **Lanta Fun Divers**, www.lantafundivers.com.

Verkehr
Boot: Am Pier Saladan legen alle Boote an; tgl. morgens u. mittags (ca. 13 Uhr) fahren Boote zu den nahegelegenen Inseln und Stränden wie Ao Nang, Ko Phi Phi, Krabi, Phuket und Rai Leh.

Bus: Die Minibusse nehmen die Autofähre (ebenso Mietwagenfahrer, 6–22 Uhr) und holen die Mitfahrer im Hotel ab. Ratsam ist es, bis Krabi zu fahren und von dort aus weiter zu buchen. Joint Tickets zu anderen Zielen ab Ko Lanta sind nicht empfehlenswert.

Songthaews: Sie übernehmen den Transport zu den Stränden und fahren ab Ban Saladan über Klong Dao, Hat Phra Ae zum Klong Nin und entlang der Ostküste zurück.

In der Umgebung
Tarutao National Park:
direkt 15 ▸ S. 110

Perfekt integriert in die Landschaft – Bambusbungalows am Klong Nin Beach auf Ko Lanta

15 | Inselhopping – Naturparadiese im Tarutao National Park

Karte: ▶ C/D 10/11 | **Anreise:** s. S. 111

Auf der Suche nach dem ganz privaten Strandparadies zieht es abenteuerlustige Naturen in den Süden der Andamanensee: Richtung Malaysia in die Inselwelt der benachbarten Petra- und Tarutao-Nationalparks. Fahren Sie auf eigene Faust von Insel zu Insel und übernachten dort, wo es Ihnen am besten gefällt – Ko Bulon Lae, Ko Lipe oder Ko Adang?

Etwa drei Stunden sind es von Ko Lanta mit dem Schnellboot gen Süden – dann zeichnen sich die Umrisse von **Ko Bulon Lae** vor dem Bug des Schiffes ab. Die Insel ist Teil des Ko-Petra-Archipels und scheint Welten entfernt von den gut erschlossenen Tourismusgebieten auf Ko Lanta oder gar Phuket. Ruhesuchende finden hier günstige Unterkünfte an einem langen, weißen Sandstrand, vor dem ein Korallenriff jeden Schnorchler begeistert. Bei einer empfehlenswerten Wanderung über die Insel können abends die faszinierenden ›Fliegenden Hunde‹ auf Nahrungssuche in den Obstplantagen beobachtet werden.

Eine Bootsstunde weiter südlich liegt **Ko Lipe**. Diese kleine Trauminsel war einst nur von Seenomaden bewohnt, als die ersten Traveller sie entdeckten: Heute ist das abgelegene Eiland Dank der Schnellbootverbindung ein Reiseziel für Jeden und auch bei Familien beliebt. Die Insel ist sehr übersichtlich: Es gibt keine Autos und alles lässt sich zu Fuß erlaufen. Wem es noch immer nicht einsam genug ist, sollte von hier aus in die umgebende Inselwelt des Ko-Tarutao-Nationalparks starten.

Gefangen im Paradies

Das Wort »Tarutao« stammt vom malaiischen »tarotraw« und bedeutet auf Deutsch etwa: »dort gibt es viele Inseln«.

15 | Naturparadiese im Tarutao National Park

51 sind es an der Zahl, und die meisten sind unbewohnt. Nur auf wenigen gibt es Unterkünfte.

Ko Tarutao ist mit 150 km² die größte Insel des Archipels und diente in den 1930er-Jahren als Gefängnisinsel. Die Insassen machten später mit ihren Bewachern gemeinsame Sache und raubten während des Zweiten Weltkriegs zahlreiche Schiffe aus, ehe die Briten, die damals Malaysia regierten, der Piraterie ein Ende bereiteten. Danach war die Insel lange Zeit unbewohnt, wodurch sich viel ursprüngliche Natur erhalten hat. Die Verwaltung des Nationalparks (Tel. 074 78 34 85, www. dnp.go.th) bietet einige Unterkünfte und organisiert Wanderungen, bei denen nicht zuletzt Hobbyornithologen voll auf ihre Kosten kommen – u. a.

können in dieser großartigen Natur seltene Nashornvögel beobachtet werden.

Das 40 km westlich von Ko Taratao gelegene Eiland **Ko Adang** ist mit einer Fläche von nur 30 km² wesentlich kleiner als die Hauptinsel, birgt aber eine ebenso faszinierende Flora und Fauna. In den hoch aufragenden Bergen finden sich einige beeindruckende Wasserfälle, die das gesamte Jahr über rauschen. Übernachten kann man im Zelt oder in einem der Nationalpark-Bungalows.

Nahebei liegt **Ko Rawi** – noch seltener besucht, mit tollen weißen Stränden und totaler Einsamkeit: Das könnte er sein, der Endpunkt auf der Suche nach dem ganz persönlichen Strandparadies. Doch dann schweift der Blick übers Wasser zur nächsten Insel …

Inseleinsamkeit

Bulone Resort: Ko Bulon Le, Tel. 08 69 60 04 86, www.bulone-resort.com, 25–35 €. Am Nordende des Strandes liegen diese 26 Bungalows, teilweise am Strand, teilweise weitläufig unter Bäumen im dahinter liegenden Garten verteilt. Kanus und Schorchelausrüstung können geliehen werden. Generatorstrom von 18–6 Uhr; Internetzugang.

Café Lipe: Ko Lipe, Pattaya Beach, Tel. 08 69 69 94 72, www.cafe-lipe.com, 10–30 €. Familiär und ökologisch geprägt ist diese liebevoll gepflegte kleine Anlage mit 5 Bambusbungalows, geführt von einem thailändisch-schweizerischen Pärchen. Um die negativen Begleiterscheinungen des Tourismus zu minimieren, wurden Solarstrom und eine eigene Kläranlage installiert.

Castaway Resort: Ko Lipe, Sunrise Beach, Tel.:083 138 7472, www.cast away-resorts.com, von 30 € in der Nebensaison bis 100 € in der Hauptsaison. Die zweistöckigen ›Breezy‹-Bungalows liegen teilweise direkt am Strand, sind aus Holz und Palmblättern gebaut und werden auch höheren Ansprüchen gerecht. Eigene Tauchschule, gutes Restaurant.

Ko Adang Bungalows: Nationalparkverwaltung, Tel. 025 62 07 60, www.dnp.go.th., 10 €/Pers. Die Bungalows liegen teilweise am Strand und bieten einen wunderschönen Blick aufs Meer und die Inselwelt. Ansonsten blickt man in den grünen Urwald. Einfache Ausstattung mit Ventilator. Auch im Zelt (5 €) ist eine Übernachtung möglich.

Anreise

Von Ko Lanta aus mit der Tigerline-Fähre, www.tigerlinetravel.com, auf die Hauptinseln Ko Bulon Lae und Ko Lipe. Von dort weiter mit Fischerbooten und Longtails; Auskunft und Vermittlung in den Unterkünften.

Sprachführer Thai

Eigentlich ist Thai eine unkomplizierte Sprache, denn die Grammatik ist denkbar einfach. Es gibt weder eine Deklination noch Verb-Endungen oder Zeiten. Auch Artikel kennt man nicht. Dennoch ist die Landessprache für die meisten Besucher ein Buch mit sieben Siegeln, denn Thai ist eine dem Chinesischen verwandte, vorwiegend einsilbige Tonsprache mit fünf Tonstufen, die den Sinn eines Wortes grundlegend verändern können.

Gegen Heiterkeitserfolge bei den Angesprochenen, unangenehme Situationen oder peinliche Missverständnisse ist demnach nur gefeit, wer die Töne richtig trifft. So kann das Wort maa je nach Betonung ›kommen‹, ›Hund‹ oder ›Pferd‹ bedeuten. Bittet man also jemanden zu kommen, so könnte man ihn bei falscher Tonhöhe ungewollt als Hund bezeichnen und damit schwer beleidigen. Allerdings wird *farangs* (Ausländer mit weißer Hautfarbe) ein solcher Fehler meist nicht übel genommen. Ganz im Gegenteil: Besuchern, die sich die Mühe machen, einige Wendungen der Thai-Sprache zu erlernen, öffnen sich schnell die Herzen und Türen der Einheimischen.

Wichtig: die Verwendung des Höflichkeitspartikels *kha* (wenn eine Frau spricht) und *khrap* oder *khap* (wenn ein Mann spricht), das an das Satzende angehängt wird. Obwohl man in Bangkok (nicht aber außerhalb der Metropole) mit Englisch kaum Verständigungsprobleme haben wird, kann es sinnvoll sein, sich vor Fahrten mit öffentlichen Verkehrsmitteln den Namen des Ziels in Thai-Schrift notieren zu lassen.

Begrüßung und Höflichkeit

Guten Morgen/Tag/ Abend/Auf Wiedersehen	sawat-dee kha (Sprecherin = Frau), sawat-dee khrap (Sprecher = Mann)
Auf Wiedersehen (förmlich)	lääo phop gan mai na kha/khrap
Wie geht es Ihnen?	khun sabaai-dee mai kha/khrap?
Danke, gut	sabaai-dee khoop-khun kha/khrap
Und Ihnen?	lääo khun la?
Viel Glück!/ Alles Gute!	tschook dee na kha/khrap!
Ich freue mich, Sie/dich kennenzulernen.	jin-dii thii daai ruud jak khun.
Bitte ziehen Sie die Schuhe aus!	broot thoot roong thaao!

Reise und Verkehr

Ich möchte gern nach ... fahren	tschan/phom jaak-dscha bai ...
Bitte bringen Sie mich nach ...	tschuai paa tschan/ phom bai ...
Was kostet die Fahrt nach ...?	bai ... thaorai?
Wie komme ich nach ...?	bai ... jangngai?
Wie lange dauert es bis ...?	bai ... tschai weelaa thaorai?
Wie heißt diese Straße?	thanon nii tschü arai kha/khrap?
Wo, wohin, wann?	tiinai, nai, müarai?
Geradeaus	drong bai
Rechts abbiegen	liao khwaa
Links abbiegen	liao sai
Halten Sie hier!	yut drong nii!
Bus, Zug, Boot	rot mee, rot fai, rüa
Busterminal	sataanii rot mee
Bahnhof	sataanii rot fai
Hafen	thaa rüa
Von wo fährt der Bus nach ... ab?	rot mee bai ... ook dschaak tiinai?
Bitte rufen Sie mir ein Taxi!	tschuai riak rot thäk si hai nooi!
Wo ist eine Toilette?	hoong naam juu tiinai?
Wo ist ein Telefon?	thoorasap juu tiinai?
Wann ist ... geöffnet?	... pööt pratu kii moong?
Wie spät ist es?	gii moong lääo kha/khrap?
Polizei/Krankenhaus/ Arzt	tamruat, roong pah-jahban, moo

112

Sprachführer

Apotheke	raan khai jaa
Kann man hier sicher schwimmen?	blootphai waai naam daai mai?

Unterkunft und Restaurant

Wo gibt es ein gutes Hotel?	roong rääm dee juu tiinai?
Haben Sie freie Zimmer?	mii hoong waang mai?
Kann ich das Zimmer sehen?	khoo duu hoong gon daai mai?
Haben Sie noch andere Zimmer?	mii hoong iik mai?
Ich möchte ein Einzelzimmer.	tschan/phom doong gaan hoong diao.
Wo gibt es ein gutes Restaurant?	raan aahaan dee juu tiinai?
(Nicht) scharf	(mai) phet
Das Essen schmeckt gut.	aahaan aroi.
Zahlen, bitte!	tschek bin!

Einkaufen

Geschäft, Markt	raan, talaat
Gibt es?	mii .... mai?
Ich suche ...	tschan/phom haa ...
Wie viel kostet das?	an-nii thaorai?
Das ist zu teuer.	an-nii phääng bai.
Können Sie mit dem Preis etwas heruntergehen?	lot rakaa nooi daai mai kha/khrap?
Haben Sie noch etwas anderes?	mii iik mai?

Zahlen

1	nüng	18	sip-bäät
2	soong	19	sip-kao
3	saam	20	jii-sip
4	sii	30	saam-sip
5	haa	100	(nüng) rooi
6	hok	200	soong rooi
7	tjet	300	saam rooi
8	bäät	1000	(nüng) phan
9	kao	2000	soong phan
10	sip	3000	saam phan
11	sip et	10 000	(nüng) müün
12	sip-soong	100 000	(nüng) sään
13	sip-saam	1000 000	(nüng) laan
14	sip-sii	2553	soong phan
15	sip-haa		haa rooi haa-
16	sip-hok		sip saam
17	sip-tjet		

Wichtige Wörter und Sätze

Ich tschan (bei Frauen), phom (bei Männern)
Ja/nein tschai/mai tschai
Herr, Frau, Fräulein, Sie, du khun
Was ist das? an-nii arai kha/khrap?
Wie heißen Sie? khun tschü arai kha/khrap?
Mein Name ist ... tschan/phom tschü ...
Woher kommen Sie? khun maa dschaak nai kha/khrap?
Wohin gehen Sie? khun dscha bai nai?
Darf man fotografieren/rauchen? taai-ruup/suup-burie daai mai kha/khrap?
Ich bitte um Entschuldigung. khoo-thoot kha/khrap.
Bitte sehr, keine Ursache. mai pen rai kha/khrap.
Danke! khoop-khun kha/khrap
Bitte helfen Sie mir! Hilfe! tschuai nooi si kha/khrap! tschuai duai!
Bitte schreiben Sie dieses Wort auf. garunaa kiian kam nii hai nooi.
Achtung! Vorsicht! rawaang!
Verstehen Sie? (khun) khao-dschai mai?
Ich verstehe nicht. (tschan/phom) mai khao-dschai.
Ich habe verstanden. (tschan/phom) khao-dschai lääo.
Wie bitte? arai na kha/khrap?
Sprechen Sie Englisch? (khun) phuut phasaa angkrit daai mai?
Ich spreche kein Thai. (tschan/phom) phuut thai mai daai.
Ich spreche ein wenig Thai. (tschan/phom) phuut thai daai nitnoi.

Kulinarisches Lexikon

Frühstück

khai luak/tom	weich/hart gekochtes Ei
khai khon	Rührei
khai taao	Spiegelei
khai thoot	Omelett
khai yat sai	Omelett, gefüllt mit Gemüse
khanompang ping	Toastbrot
khaao tom (gai, muu ...)	Reissuppe (mit Huhn, Schweinefleisch ...)

Vorspeisen

khanompang naa muu	Toastbrot mit Schweinehack und Sesamkörnern
pbo pbia thoot	gebratene Frühlingsrollen
thoot man plaa	gebratene Fischküchlein
thoot man gung	gebratene Garnelenküchlein

Suppen

gääng djüüt	milde Suppe mit Blattgemüse und Fleisch
gääng liang	Gemüsesuppe
tom khaa gai	Hühnersuppe mit Kokosnussmilch und Galgant, dem »siamesischen Ingwer«
tom yam gai	sauer-scharfe Hühnersuppe
tom yam gung	sauer-scharfe Garnelensuppe

Currys

gääng khiao waan	sehr scharfes, grünes Curry
gääng massaman	mildes Curry mit Kartoffeln und Erdnüssen
gääng panäng	scharfes Curry mit Bambussprossen
gääng phet däng	scharfes, rotes Curry
gääng djae	vegetarisches Curry

Fleisch, Fisch, Meeresfrüchte

gai	Hühnerfleisch
muu	Schweinefleisch
nüa	Rindfleisch
ped	Entenfleisch
plaa	Fisch
plaamük	Tintenfisch
gung	Garnele
puu	Krebs
hoy	Muschel

Zubereitungsarten

nüng	gedünstet
phat	kurz angebraten
thoot	gebacken, frittiert
tom	gekocht
yaang	gegrillt

Reis- und Nudelgerichte

ba mii	Eiernudeln aus Weizenmehl (gelblich)
ba mii nam (gai ...)	Suppe mit Eiernudeln (und Huhn ...)
khaao plaao/khaao suai	gekochter Reis
khaao niao	Klebreis
khaao phat (gai, gung ...)	gebratener Reis (mit Huhn, Garnelen...)
guai tiao	Reisnudeln (weiß)
guai tiao nam (gai, muu ...)	Suppe mit Reisnudeln (und Huhn, Schweinefleisch ...)
guai tiao rad naa (gai, muu ...)	knusprig gebratene Reisnudeln (mit Huhn, Schweinefleisch ...)
phat thai (sai gung)	gebratene Nudeln nach Thai-Art (mit Garnelen)

Salate

laab (gai, muu, nüa, plaa ...)	warmer, chilischarfer Hackfleischsalat (von Huhn, Schwein, Rind, Fisch ...) mit Pfefferminzblättern
nüa nam tok	Rindfleischsalat mit Basilikum

Kulinarisches Lexikon

somtam	pikanter Salat aus geraspelten, grünen Papayas, Cocktailtomaten, Knoblauch, Chilis, Erdnüssen, Zitronensaft, zerstoßenen Trockengarnelen, Fischsauce und Krabbenpaste
yam nüa	Rindfleischsalat mit Koriander
yam plaamük	Tintenfischsalat
yam som-oo	bitterscharfer Pomelo-Salat
yam wunsen (gai, muu ...)	Glasnudelsalat (mit Huhn, Schweinefleisch ...)

Nachspeisen und Snacks

khaao laam	süßer oder salziger Klebreis mit Kokosmilch und schwarzen Bohnen in Bambushülsen
khaao niao mamuang	süßer Klebreis mit Kokosmilch und frischen Mangos

kluai buat chii	Bananen in Kokosmilch
kluai thoot	gegrillte Bananen

Obst

farang	Guave
khanun	Jackfruit
kluai	Bananen
malako	Papaya
mamuang	Mango
mangkut	Mangosteen
saparot	Ananas
som	Orange/Mandarine
som-oo	Pomelo

Getränke

bia	Bier
chaa	Tee
gafää	Kaffee
lao	alkoholische Getränke
nam (yen)	(Eis-)Wasser
nam manao	Zitronensaft
nam maprao	Kokosnuss-Saft
nam som	Orangensaft (frisch gepresst)
nom (sot)	(frische) Milch

Spezialitäten auf der Speisekarte

gai phat baikrapao	gebratenes Hühnerfleisch mit thailändischem Basilikum
gai phat metmamuang	gebratenes Hühnerfleisch mit Cashewnüssen
gai phat noomay gap het	gebratenes Hühnerfleisch mit Bambussprossen und Morcheln
gai takrai	Hühnerbrust an Zitronengras
gai yaang	gegrilltes Hähnchen
khaao man gai	Hähnchen und Reis mit pikanter Ingwer-Sauce
gung nüng grathiam phak chii	gedämpfte Garnelen mit Knoblauch und Koriander
muu phat khing	gebratenes Schweinefleisch mit Ingwer

muu thoot grathiam phrikthai	Schweinefleisch mit Knoblauch und Chilis
muu priao waan	Schweinefleisch süßsauer
nüa phat nam manhoy	gebratenes Rindfleisch mit Austern-Sauce
ped op nam püng	Ente gebacken mit Honig und Thai-Gewürzen
phat noomay sai khai	gebratene Bambussprossen mit Eiern
phat phak ruam mit	gemischtes gebratenes Gemüse
plaamük yat sai	Tintenfisch, gefüllt mit Gemüse und Schweinehack
plaa thoot	gebackener Fisch
sate (gai, muu ...)	Fleischspießchen (Huhn, Schwein ...) mit Erdnuss-Sauce

›James-Bond-Felsen‹, Ao Phang Nga

Register

Alkohol 17
Andamanensee 7, 11, 21, 23, 27, 29
Ang Thong Marine National Park 60
Anreise 18
Ao Chalok Ban Kao 65
Ao Lamai 71
Ao Leuk 62
Ao Mae Hat 66
Ao Mamuang 65
Ao Nang 98
Ao Nang Tower 23
Ao Ton Sai 23, 99
Apotheken 19
Ayutthaya-Periode 2, 12, 31, 42

Baan Nam Khem 83
Bahn 25
Bambushütten 14
Ban Mae Hat 65
Ban Pu 55
Bangkok 6, 12, 20, **30**
 – Botanischen Garten 35
 – Children's Museum 36
 – Chinatown 30, 32
 – Jim Thompson House 30
 – Khao San Road 30
 – Königspalast 32
 – Lak-Muang-Schrein 32
 – Nationalgalerie 32
 – Nationalmuseum 32
 – Oriental Hotel 31
 – Sanam Luang 32
 – Skytrain 31, 32, 34, **37**
 – Suan-Chatuchak-Markt 34
 – Wat Arun 31
 – Wat Pho 31
 – Wat Phra Kaeo 32
Behinderte 22
Bevölkerung 11
Bhumipol, König, s. Rama IX.
Bootstouren 22
Buddhismus 6, 8, 11, 89, 108
Büffelkämpfe 10, 71

Bungalows 14

Cha-Am 6, 47
Chakri-Könige 12
Camping s. Zelten
Caprio, Leonardo Di 30, 91, 105
Chao Phao 20
Chao Phraya 31
Chiew-Lan-See 78
Chumphon 58
Conrad, Joseph 31
Currys 16

Damnoen Saduak 7
Diplomatische Vertretungen 25
Dolphin Bay 56

Einreisebestimmungen 18
Essen und Trinken 16

Fähre 27
Feiertage 18
Ferienwohnungen 14
Feste und Events 18
Flugzeug 26
Fremdenverkehrsämter 19

Garküchen 17
Gästehäuser 14
Geckos 15
Geld 18
General Chakri 12
Geschichte 12
Gesundheit 19
Golf 22
Gray, John 104

Had Sirinath Marine National Park 93
Hahnenkämpfe 10
Hat Bophut 71
Hat Chaweng 72
Hat Karon 89
Hat Kata 89
Hat Klong Dao 107

Hat Klong Khong 107
Hat Klong Nin 107
Hat Laem Sala 56
Hat Laem Sing 93
Hat Lek 86
Hat Mae Nam 71
Hat Nai Yang 93
Hat Noppharat Thara 98
Hat Patong 89
Hat Phra Ae 107
Hat Phu Noi 56
Hat Rin 66
Hat Sai Ri 58, 65
Hat Salad 66
Hat Sam Phraya 55
Hat Samran 40
Hat Thung Wua Laen 58
Hat Yao 66
Hua Hin 6, 14, **46**
 – Bahnhof 48
 – Khao Hin Lek Fai 51
 – Khao Thakiap 51
 – Klai Kangwon 49
 – Phra Ratchaniwet Maruekkhataiyawan 47
 – Railway Hotel 49
 – Raschnee Thai Silk Village 52

Impfungen 18
Internet 14, 19, 24
Isthmus von Kra 11, 58

Jazzsessions 91

Kaeng Krachan National Park 6, **45**
Kajakfahren 3, 7, 22, 29, 58, 60, 71, 103, 104
Kamala 93
Kata Karon 89
Kata Noi 89
Kata Yai 89
Khao Lak 7, 20, **83**
Khao Phra Taeo Wildlife Park 93
Khao Sok National Park 7,

117

Register

14, **78**, 79
Khao Sam Roi Yot National
  Park 6, 55
Kinder 20
Kleidung 24
Klettern 20, 22, 99
Kletterschulen 101
Klima 21
Ko Adang 111
Ko Bulon Lae 110
Ko Lanta 11, 21, **107**
Ko Lanta Yai 107
Ko Lipe 7, 110
Ko Ma 66
Ko Mae 60
Ko Nang Yuan 61, 62, 65
Ko Pha Ngan 6, 11, 20, 21,
  23, 24, 60, **65**, 68
Ko Phi Phi 5, **105**
Ko Samui 6, 14, 20, 60, **71**
Ko Tai Plao 60
Ko Tao 7, 24, 60, **61**
Ko Tarutao 111
Ko Similan National Park 88
Ko Surin National Park 88
Kochen 22
Kokospalmen 5, 77
Korallenriffe 11
Krabi 7, **98**
Krankenhäuser 97
Kreditkarten 25

Laem Promthep 93
Lage 11
Leihwagen 26
Longtailboote 9, 61

Massagen 69
Maugham, Somerset 31
Meditation 23
Monsun 21
Moskitos 15
Motorrad 26
Mu Ko Chumphon
  National Park 58
Muscheln 9
Muslime 11, 89, 93, 108

Nachtleben 93
Nakhon Si Thammarat 12
Notfälle 25

Öffnungszeiten 21

Paddeln 67, 104
Patong 93
Phang Nga Bay 7, 99, 103
Phetchaburi 6, 12, 13, 20,
  40
– Kamphaeng Laeng 42
– Khao Bandai It 40
– Khao Luang 40
– National Historical Park 43
– Phra Nakhon Khiri 43
– Wat Ko Kaew Sutharam
  44
– Wat Mahathat Wora-
  wihan 43
– Wat Pailom 43
– Wat Phra Phuttha Saiyat
  40
– Wat Phra Song 43
– Wat Yai Suwannaram 42
Phra Buddha Ming Mong-
  khol Ake Naga Khiri 89
Phraya Kaeo Cave 56
Phraya Nakhon Cave 55
Phuket 7, 14, 15, 20, **89**
Phuket-Town 11, 90
Polizei 25
Ponyreiten 54
Poseidon Beach 86

Radfahren 58, 85
Rafting 22
Rai Leh 99
Rama I. 12, 32, 56
Rama IV. 43, 56
Rama V. 47, 56
Rama VI. 47
Rama VII. 12, 49
Rama IX. 12, 49
Ramkamhaeng (König) 12
Rauchen 21
Reisezeit 21
Religion 11

Sail Rock 64
Schnorcheln 23, 60
Segeln 23
Seidenherstellung 52
Shark Island 62
Sicherheit 25

Similan- und Surin-Inseln
  7, **88**
Sport 22
Sri Vijaya (Handelsreich) 12
Suan-Chatuchak-Markt 34
Sukothai 12
Sunset Beach 86
Surat Thani 59
Surfen 23

Taksin (König) 31
Tambralinga 12
Tarutao National Park 110
Taschendiebe 36
Tauchen 23, 63, 88, 109
Tauchschulen 24, 58, 64,
  96, 109
Taxi 8
Telefonieren 24
Thai-Chinesen 11
Thaksin Shinawatra 13
Thep Charoen 58
Thompson, Jim 30, 52
Thong Nai Pan 66
Trekking 24
Tsunami 7, 84, 105
Tsunami-Memorial 83
Tuk Tuks 34

Umgangsformen 24
Umweltschutz 11, 27
U-Thong (König Thibodi I.)
  12

Verkehr 25
Villen 14

Wanderarbeiter 10
Wandern 20, 24
Wat Khunaram 76
Wat Lamai 71
Wat Phra Yai 76
Wat Plai Laem 76
Wellness 24, 68
Wirtschaft 11
Wua Talap 60

Yoga 23, 68

Zelten 14, 45, 57, 87, 89
Zollbestimmungen 18

Das Klima im Blick — atmosfair

Reisen bereichert und verbindet Menschen und Kulturen. Wer reist, erzeugt auch CO_2. Der Flugverkehr trägt mit einem Anteil von bis zu 10 % zur globalen Erwärmung bei. Wer das Klima schützen will, sollte sich für eine schonendere Reiseform (z. B. die Bahn) entscheiden – oder die Projekte von *atmosfair* unterstützen. *Atmosfair* ist eine gemeinnützige Klimaschutzorganisation. Die Idee: Flugpassagiere spenden einen kilometerabhängigen Beitrag für die von ihnen verursachten Emissionen und finanzieren damit Projekte in Entwicklungsländern, die dort den Ausstoß von Klimagasen verringern helfen. Dazu berechnet man mit dem Emissionsrechner auf *www.atmosfair.de*, wie viel CO_2 der Flug produziert und was es kostet, eine vergleichbare Menge Klimagase einzusparen (z. B. Berlin – London – Berlin 13 €). *Atmosfair* garantiert die sorgfältige Verwendung Ihres Beitrags. Klar – auch der DuMont Reiseverlag fliegt mit *atmosfair!*

Autoren | Abbildungsnachweis | Impressum

Unterwegs mit Andrea und Markus Markand

Die Markands verbringen jedes Jahr mehrere Monate in Thailand und haben dort sogar geheiratet. 2003 erschien ihr erster Reiseführer (»Myanmar« aus der Reihe Stefan Loose). Es folgten »Vietnam«, »Thailand«, »Thailand. Der Süden« und »Südostasien. Die Mekong Region«. Markus (*1966) und Andrea (*1971) haben zwei Söhne und leben im Westerwald nahe Köln.

Abbildungsnachweis

Bildagentur Huber, Garmisch-Partenkirchen: S. 9 (Gräfenhain); Titelbild, 7, 105, (Schmid); 46, 106/107 (Stadler)
DuMont Bildarchiv, Ostfildern: S. 61(Sasse)
iStockphoto, Calgary (Kanada): S. 88 (Abrao); 80, 102 (Bath); 15 (Blade/Kostas); 31, Umschlagrückseite (Lee); 99 (Plis)
laif, Köln: S. 53 (Devouard/Rea); 66 (hemis.fr/Cintract); Umschlagklappe vorn (hemis.fr/Gardel); 16 (Henseler); 83, 110 (Heuer); 55 (Jonkmanns); 68 (Kristensen); 47 (Sasse)
LOOK, München: S. 72 (Maeritz); 28/29, 34, 74, 103 (Pompe); 87 (Stumpe)
Andrea und Markus Markand, Köln: S. 13, 42, 44, 48, 86, 90, 92, 120
Mauritius Images, Mittenwald: S. 116 (imagebroker/Allgöwer); 58 (imagebroker/Probst); 79, 96, 109 (imagebroker/Rose); 35 (imagebroker/Schulz); 10 (imagebroker/Whittaker/FLPA); 4/5, 52 (photolibrary); 23 (Superstock); 62 (Westend61)

Kartografie

DuMont Reisekartografie, Fürstenfeldbruck
© DuMont Reiseverlag, Ostfildern

Umschlagfotos

Titelbild: Buddhisten bei der Andacht im Wat Chalong, Phuket
Umschlagklappe vorn: Longtailboot am Hat Phra Nang auf der Halbinsel Rai Leh

Hinweis: Autoren und Verlag haben alle Informationen mit größtmöglicher Sorgfalt geprüft. Gleichwohl sind Fehler nicht vollständig auszuschließen. Alle Angaben erfolgen ohne Gewähr. Bitte schreiben Sie uns! Über Ihre Rückmeldung zum Buch und Verbesserungsvorschläge freuen sich Autoren und Verlag:

DuMont Reiseverlag, Postfach 3151, 73751 Ostfildern,
info@dumontreise.de, www.dumontreise.de

1. Auflage 2011
© DuMont Reiseverlag, Ostfildern
Alle Rechte vorbehalten
Redaktion/Lektorat: Michael Konze
Grafisches Konzept: Groschwitz/Blachnierek, Hamburg
Printed in Germany